Redação para concursos e vestibulares
passo a passo

Conselho Acadêmico
Ataliba Teixeira de Castilho
Carlos Eduardo Lins da Silva
Carlos Fico
Jaime Cordeiro
José Luiz Fiorin
Tania Regina de Luca

Proibida a reprodução total ou parcial em qualquer mídia
sem a autorização escrita da editora.
Os infratores estão sujeitos às penas da lei.

A Editora não é responsável pelo conteúdo deste livro.
As Autoras conhecem os fatos narrados, pelos quais são responsáveis,
assim como se responsabilizam pelos juízos emitidos.

Consulte nosso catálogo completo e últimos lançamentos em **www.editoracontexto.com.br**.

Redação para concursos e vestibulares
passo a passo

Dad Squarisi
Célia Curto

Copyright © 2009 das Autoras

Todos os direitos desta edição reservados à
Editora Contexto (Editora Pinsky Ltda.)

Montagem de capa e diagramação
Gustavo S. Vilas Boas

Preparação de textos
Lilian Aquino

Revisão
Flávia Portellada

Dados Internacionais de Catalogação na Publicação (CIP)
(Câmara Brasileira do Livro, SP, Brasil)

Squarisi, Dad
Redação para concursos e vestibulares : passo a passo / Dad
Squarisi, Célia Curto. – 1. ed., 7ª reimpressão. – São Paulo :
Contexto, 2025.

ISBN 978-85-7244-440-8

1. Português – Concursos 2. Português – Redação
3. Português – Redação (Vestibular) I. Curto, Célia. II. Título.

09-05664   CDD-469.8076

Índice para catálogo sistemático:
1. Concursos e vestibulares : Redação : Português   469.8076
2. Redação : Português : Concursos e vestibulares   469.8076

2025

EDITORA CONTEXTO
Diretor editorial: *Jaime Pinsky*

Rua Dr. José Elias, 520 – Alto da Lapa
05083-030 – São Paulo – SP
PABX: (11) 3832 5838
contato@editoracontexto.com.br
www.editoracontexto.com.br

Para Camélia e Therezamaria,
amigas essenciais
Dad

Para minha filha, Beatriz,
meu companheiro, Rogério,
e minhas amigas de São Paulo e Rio
Célia

Sumário

Redação rima com transpiração.................................... 11

PRIMEIRA PARTE
Planejamento e estrutura do texto........................ 13

Pau pra toda obra...15
    LIÇÃO 1 – Mandar recados 17
    LIÇÃO 2 – Encontrar o caminho............................19
    LIÇÃO 3 – O leitor é quem manda.........................21
    LIÇÃO 4 – Aonde você vai?....................................23
    LIÇÃO 5 – Como criar ideias.................................25
    LIÇÃO 6 – Escrever é pensar 27
    LIÇÃO 7 – O parágrafo..30
    LIÇÃO 8 – O tópico frasal 33
    LIÇÃO 9 – Como desenvolver o parágrafo:
         citação de exemplos.............................36
    LIÇÃO 10 – Como desenvolver o parágrafo:
         apresentação de razões e consequências...............39

LIÇÃO 11 – Como desenvolver o parágrafo:
decomposição, definição, confronto 41

LIÇÃO 12 – Diga-diga-diga 44

LIÇÃO 13 – A introdução 48

LIÇÃO 14 – O desenvolvimento 52

LIÇÃO 15 – A conclusão 55

LIÇÃO 16 – O time da língua 59

LIÇÃO 17 – Redação nota 10 62

LIÇÃO 18 – Redação matemática 66

SEGUNDA PARTE

Qualidades do estilo **69**

Puro prazer 71

LIÇÃO 19 – Regras de ouro da escrita 73

LIÇÃO 20 – Forma positiva e forma concreta 77

LIÇÃO 21 – Declarações 80

LIÇÃO 22 – Carícia nos ouvidos 83

LIÇÃO 23 – Xô, eco 87

LIÇÃO 24 – Verbos-ônibus 89

LIÇÃO 25 – Companhias amigas e inimigas 91

LIÇÃO 26 – Os indesejados 94

LIÇÃO 27 – Seu? De quem? 96

LIÇÃO 28 – O mal-amado 98

LIÇÃO 29 – Dizer o que é sem tirar nem pôr 101

LIÇÃO 30 – Lé com lé, cré com cré 104

LIÇÃO 31 – Casaizinhos fiéis 108

LIÇÃO 32 – Cruzamentos sintáticos 110

LIÇÃO 33 – Enumeração paralela 113

LIÇÃO 34 – Os fora de moda 115

LIÇÃO 35 – Lipoaspiração no texto 117

TERCEIRA PARTE

Exercícios 127

Respostas 213

Bibliografia 269

As autoras 271

Redação rima com transpiração

"Não gosto de escrever. Gosto de ter escrito."
Armando Nogueira

Você disserta todos os dias. Disserta quando justifica sua opinião a respeito de um filme. Disserta quando escreve sobre as causas da Inconfidência Mineira. Disserta quando convence seu pai a lhe aumentar a mesada. Disserta quando exige o cumprimento da lei seca.

Na vida, você fez muitas dissertações. No vestibular, no concurso ou na prova de seleção, fará mais uma. Só que há um detalhe. O tempo é curto; a concorrência, grande; as vagas, poucas. Um bom texto não cai do céu nem salta do inferno. Como outras habilidades, requer técnica e esforço.

Fazer aquela sobremesa especial dá trabalho, não dá? A festa que dura quatro horas leva 20 dias para ser organizada, não leva? A redação não é diferente. Como preparar um prato gostoso ou uma festa divertida, a dissertação deve ser feita por etapas.

Este livro apresenta os passos a serem seguidos. São 35 lições distribuídas em três partes. Na primeira, você desvenda os mistérios do planejamento da dissertação. Aprende a delimitar o tema, a traçar o objetivo, a definir a tese, a escolher argumentos. Transforma o plano em texto com introdução charmosa, desenvolvimento convincente e conclusão sedutora. Na segunda, retoca o estilo. Com truques simples, lapida o diamante bruto. O recado, submetido a plásticas, lipoaspirações e aplicação de botox, ganha concisão, clareza e harmonia. Seduz. Na terceira, aplica a teoria.

Ufa! Para dar uma bela festa, você tem de escolher a data, o lugar, os convidados, a bebida, a comida. Depois, bolar e encaminhar os convites, comprar os ingredientes, fazer a comilança, contratar garçons, providenciar pratos, copos, guardanapos e talheres, selecionar músicas. Escrever uma dissertação nota 10 também dá trabalho. *Redação para concursos e vestibulares* lhe facilita a vida. Exercícios respondidos e comentados acompanham cada lição. O resultado compensa. Você surpreende o leitor com texto que é puro prazer. Conclusão: uma vaga na universidade é sua. No emprego também.

PRIMEIRA PARTE

Planejamento e estrutura do texto

Pau pra toda obra

"Só existem dois tipos de textos", frisava o professor Antonio Sales. "Um é o literário. O outro, o não literário." Segundo o velho mestre da Universidade de Brasília, ambos começam com letra maiúscula e terminam por ponto. A diferença se dá no conteúdo. O primeiro é recheado de talento. O segundo, de informação.

Dissertação, carta, relatório, e-mail, exposição de motivos – textos exigidos em provas escolares, concursos, vestibular e vida profissional – lidam com informação. Como organizá-la? Como oferecê-la ao leitor? É o assunto das primeiras lições do livro. Com elas, ideias nebulosas viram recados concretos.

Como chegar lá? O primeiro passo é planejar o texto – definir o tema, o leitor e o objetivo. O segundo, buscar ideias capazes de transmitir a mensagem que você tem na cabeça. O terceiro, escrever. Todo texto tem começo, meio e fim. Todo texto, também, é dividido em parágrafos. Dominar técnicas essenciais para uma comunicação eficaz não é dom divino. É conquista. Vamos começar os treinos?

LIÇÃO 1

Mandar recados

"A leitura é um vício impune."
Valery Larbaud

Escrever é mandar recado. Qualquer um. A receita de uma sobremesa é um recado. O convite para a festa de 15 anos é um recado. O horóscopo publicado no jornal é um recado. A prova que você faz na escola é um recado.

Há diferentes jeitos de mandar recados. O pintor usa as cores. O desenhista, o traço. O mímico, o gesto. O escritor, a palavra.

A gente manda e recebe recados todos os dias. A secretária anota a mensagem para o chefe ausente. O médico prescreve o remédio para o enfermo. O professor dá o tema da redação. Você escreve uma carta para a avó distante. Seu coleguinha manda um e-mail para você. É tudo recado.

E a dissertação do vestibular? E a redação do concurso? É recado. Então por que aquele frio na espinha? Só de pensar nela as mãos ficam geladas. O coração dispara. O suor jorra.

Esses sintomas têm um nome – medo. Do quê? O que apavora é não ter nada para dizer.

Qual a saída? Ser esperto. Não se deixar apanhar. Preparar-se. Há várias formas de criar ideias. Conversar é uma delas. Assistir a telejornais, outra. Ver filmes, mais uma. Ler, a melhor de todas.

A leitura faz bruxarias. Com ela, a grafia perde o mistério. O x, o ch, os ss, os çç viram gente de casa. As palavras certas se oferecem no momento certo. Adeus, caça a substantivo, adjetivo ou verbo. Assunto não falta. Os temas se tornam íntimos. Os argumentos, as comparações, as analogias, tudo vem devagarinho. Sem violência. Sem pressão.

O que ler? Revistas são boa pedida. O curioso pode ler a *Superinteressante*. O amante de carros, a *Quatro Rodas*. O apaixonado por computadores, a *Informática*. O louco por decoração, a *Vogue*. Todos, a *Veja*, a *IstoÉ,* a *Época*. Livros são também pra lá de bem-vindos.

A leitura de jornais ajuda. E como! Neles não falta assunto. Você gosta de esporte? De notícias internacionais? Dos acontecimentos da cidade? De política? Arte? Cinema? Vá lá.

O problema é o tempo, não? Selecione. Leia seus assuntos preferidos. Depois, detenha-se nos editoriais e colunas. Em geral são textos argumentativos. Neles, o autor toma posição sobre determinado tema. Argumenta. Defende o recado com unhas e dentes. É o que você vai fazer na prova.

LIÇÃO 2

Encontrar o caminho

"O escrever não tem fim."
Fedro

Sobre o que escrever? Eis o grande desafio. Sem enfrentá-lo, nada feito. Uma ideia vaga na cabeça e uma caneta na mão? Acredite. Só com eles você não chega a lugar nenhum. É preciso pôr os pés no chão. Pensar. E deixar a cabeça bem clara.

Na prova, você vai escrever um pequeno texto, não verbete de enciclopédia. O primeiro passo é traçar um caminho. Um só. Especifique a ideia vaga que tem na mente. Restrinja o tema, ponha-lhe limites. Em suma: selecione um aspecto particular no leque de possibilidades.

Digamos que o tema seja moda. O que escrever? Há uma gama enorme de aspectos: a indústria da moda; quanto custa andar na moda; a moda ditada pela televisão; a moda dos anos 1960; a moda hippie; a moda do verão; a história da moda; dize-me como te vestes e dir-te-ei quem és; os destaques dos desfiles de Paris; a moda no circuito Paris-Milão-Nova York. E tantos e tantos outros.

Viu? Os tópicos especificam o tema. Tornam-no mais restrito. Se você se decidir pela moda nos anos 1960, esqueça os demais. Concentre os esforços no desenvolvimento dessa ideia.

Que cuidados ter na seleção do tópico? O mais importante: não fugir do tema. Ter certeza de que o aspecto está relacionado com ele – íntima e diretamente, bem amarradinho. Mais ou menos não vale.

Suponhamos que o tema seja criminalidade. Você optou pelo tópico violência na TV. Meio fora, não? Deixe-o de lado. Defina um tópico claramente relacionado com o tema. Por exemplo: relação do consumo de drogas com o aumento da criminalidade; o índice de criminalidade no Distrito Federal; roubar, a profissão do marginalizado.

Escolhido o rumo, você não se perderá. Com ele, adeus sensação de que só um livro seria capaz de esgotar o assunto. Se bobear, o risco é grande. O examinador vai pensar que você decorou uma redação e adaptou-a na prova. Injustiça? Também acho. Mas você não está lá para explicar o engano. Melhor prevenir.

LIÇÃO 3

O leitor é quem manda

"Não diga nem mais nem menos do que você precisa dizer."
Manual de estilo da Editora Abril

O verbo escrever é transitivo direto e indireto. Quem escreve escreve alguma coisa para alguém. O objeto direto varia. Posso escrever uma carta, uma dissertação, um poema, uma receita, um artigo para o jornal. Para quem?

A resposta é muito importante. Para os leitores do jornalzinho da escola? Para o colega de sala? Para o jardineiro do vizinho? Para o professor? Para o namorado? Para você mesmo?

Imagine a situação. Você tem uma receita de sorvete. Vai passá-la para três receptores diferentes: a cozinheira da sua casa, que tem só o 3º ano do ensino fundamental; a mãe de seu colega, professora da universidade; e os leitores da revista *Playboy*.

Convenhamos. A receita é a mesma. Mas sairão três redações diferentes. A primeira, no nível da cozinheira. (Se ela não a entender, nada de sobremesa.) A segunda, mais elaborada. A última, cheia de sofisticação e malícia.

Por quê? Porque a gente dança conforme a música. Escreve para o leitor. O assunto e o texto têm que estar adaptados a ele. Se não, o recado deixa de ser dado. Não vale dizer "ele não me entendeu". Diga "não me fiz entender".

Suponha que um professor vai escrever a história do descobrimento do Brasil para duas clientelas. Uma versão para alunos da 2ª série do fundamental. A outra, para estudantes da faculdade de comunicação. Os textos serão diferentes, concorda? Se o autor trocá-los, os pequeninos não entenderão nada. Os grandes morrerão de rir.

No vestibular ou no concurso, quem é seu leitor? Professores da banca examinadora. Eles esperam certo desempenho seu: que você dê o recado com simplicidade, correção e clareza. Só.

LIÇÃO 4

Aonde você vai?

"Palavra e pedra solta não têm volta."
Benito Pérez Galdós

Delimitado o tema e escolhida a audiência, é hora de determinar o objetivo. Para quem não sabe aonde vai qualquer caminho serve. Só que o indeciso perde tempo. E tempo é o bem mais escasso na disputa por uma vaga. Definir a rota de primeira ajuda a ganhar pontos. A rota é o objetivo.

Como chegar ao objetivo da dissertação? Você tem o tópico (o tema delimitado). Sabe quem vai ler o texto. Pergunte-se: com este tópico, para este leitor, o que quero? Surgirão várias respostas. A que você escolher será seu objetivo.

Veja o exemplo:

Tema: vestibular.
Tópico: o estresse do vestibular.
Leitor: seus colegas de sala.
Objetivo (o que quero?): sugerir formas de combater o estresse do vestibular; analisar as causas do estresse no vestibular; apresentar as consequências do estresse do vestibular; demonstrar que o estresse é decorrente da falta de planejamento do vestibulando.

23

Reparou? A redação dos objetivos tem uma marca: começa com verbo no infinitivo (sugerir, analisar, apresentar, demonstrar). Todos estão centrados no autor. O dono da caneta não depende de ninguém. Poderoso, tem as condições de sugerir, analisar, apresentar ou demonstrar.

De olho no tópico e no leitor, foram sugeridos quatro objetivos. Escolheu o seu? Pronto. Você tem o caminho. Não vai se perder pelos atalhos da estrada. A rota está traçada.

Para chegar lá, uma condição se impõe. O senhor do recado precisa ter a ideia clara, muito clara. Há jeito de saber se ele sabe o que quer. Basta escrever o objetivo em um período com verbo conjugado. Pode ser pergunta ou declaração. O importante é traduzir com clareza o que quer.

O objetivo é sugerir formas de combater o estresse no vestibular? Ele pode ser traduzido por estas frases: Há formas de combater o estresse no vestibular. Como combater o estresse no vestibular? Não pense que o vestibular condena você ao estresse. Há jeitos de se livrar do mal.

Prefere demonstrar que o estresse é decorrente da falta de planejamento do vestibulando? Você manda. Explicite com todas as letras o seu desejo. Eis sugestões: O estresse decorre da falta de planejamento do vestibulando. O estresse não cai do céu. É fruto da falta de planejamento do estudante. Sabia? O estresse tem pai e mãe. É a falta de planejamento.

Que tal analisar as consequências do estresse no vestibular? Vamos buscar frases capazes de informar ao leitor o que lhe propomos. Eis algumas: O estresse causa prejuízos ao estudante. O estresse cobra preço alto no vestibular. Fazer o vestibular estressado? Nem pensar. A aventura tem consequências indesejáveis.

É isso. Você enunciou o objetivo. Agora, o desafio é outro. Sustentar a tese. Os argumentos pra convencer o leitor é outra etapa. Chegaremos lá na próxima lição.

LIÇÃO 5

Como criar ideias

"Se chimpanzé falar, eu calo."
Ari Cunha

Você tem o tema delimitado, o receptor definido, o objetivo traçado. E agora? É hora de escrever? Ainda não. Falta planejar o desenvolvimento da redação. Em outras palavras: buscar argumentos capazes de sustentar seu ponto de vista.

Por onde começar? Pelo objetivo. Leia-o com cuidado. Pergunte-se: o que posso dizer para convencer o leitor de que estou certo? Eis o quebra-cabeça.

Escreva tudo que lhe vier à cabeça. Exemplos, comparações, analogias, definições, conceitos, histórias ilustrativas, pontos de vista de outras pessoas, vale tudo. Escreva. Sem censura. É a famosa tempestade de ideias.

Eis exemplo:

Tema: terrorismo.

Leitor: seus colegas de escola.

Delimitação do tema: terrorismo palestino-judeu.

Objetivo: apontar as causas do terrorismo palestino-judeu.

Ideias: a criação do Estado de Israel em território palestino; com a criação de Israel, cobriu-se um santo e despiu-se outro; luta pelo Estado palestino; falta de esperança no futuro; indiferença dos Estados Unidos; intolerância; tradição de violência; descaso com a educação; busca de vida melhor; terrorismo pelo terrorismo; fome; falta de empregos; crise econômica e moral.

E depois? Selecione. Escolha os mais adequados a seu objetivo. Lembre-se: você vai escrever 30 linhas. Não pode falar de tudo. O jeito é selecionar. Os melhores argumentos (ou os que você pode desenvolver com mais facilidade) serão os escolhidos. Cada um deles formará um parágrafo de desenvolvimento da dissertação.

Quais as causas do terrorismo palestino-judeu? Escolhemos quatro: a criação do Estado de Israel em território palestino; luta pelo Estado palestino; indiferença dos Estados Unidos; intolerância dos dois lados.

Essas serão as ideias-núcleo do texto. Uma ou outra das que sobraram podem ser aproveitadas aqui ou lá na argumentação. As outras? Vão para o lixo. Sem choro nem vela.

LIÇÃO 6

Escrever é pensar

"Nunca confie em alguém que fale bem de todo mundo."
Collins

Você tem um plano de dissertação. Definiu o tópico, escolheu o leitor, traçou o objetivo, escreveu a ideia central. O tema está organizado. É o ponto de partida. E agora? Só escrever uma redação com começo, meio e fim.

O texto é formado por parágrafos. Trata-se dos blocos mais ou menos do mesmo tamanho que desenvolvem uma ideia. Eles são uma mão na roda. Ajudam a todos. O leitor e o autor sabem que cada parágrafo aborda um aspecto do tema. Fica fácil descobri-lo.

Muitos estudantes bobeiam. Ignoram essa lição elementar. É comum ver redações imensas, sem divisão. Verdadeiras malas sem alça, dão falta de ar. Outras são fragmentadas. Cada frase forma um parágrafo. Matam por superoxigenação.

Fuja delas. Ambas depõem contra você. São prova de imaturidade linguística. Revelam que a pessoa, sem ter aprendido o grande segredo, desconhece o mapa da mina. Ei-lo: o parágrafo é uma unidade de composição. Desenvolve uma ideia. Só uma. A tarefa do autor é escrevê-la. Do leitor, descobri-la.

Quer ver? Analise o planejamento da dissertação. Confronte-o, em seguida, com o texto. Você verá que, com o plano, a alternativa é uma só – acertar ou acertar.

Tema: língua espanhola.

Leitor: deputados e senadores.

Delimitação do tema: obrigatoriedade do ensino da língua espanhola nos níveis fundamental e médio.

Objetivo: demonstrar que não se justifica tornar obrigatório o ensino da língua espanhola nos níveis fundamental e médio.

Ideias do desenvolvimento: o projeto contraria a Lei de Diretrizes e Bases (LDB); o inglês é mais importante que o espanhol nos tempos atuais; falta de professores de espanhol; lobby das editoras interessadas em vender livros.

O lobby do espanhol

Ninguém duvida da beleza do idioma de Cervantes nem de sua utilidade. Além do autor de Dom Quixote, escreveram em espanhol Lope de Vega, Luis de Góngora, García Márquez e Jorge Luis Borges. Língua que mais cresce no mundo, o espanhol é falado hoje por 332 milhões de pessoas em dezenas de nações. Falam-no a maioria dos países vizinhos do Brasil e os parceiros do Mercosul. Apesar de sua importância, porém, não se justifica a proposta de tornar seu ensino obrigatório no país.

O projeto contraria a Lei de Diretrizes e Bases da Educação (LDB). A LDB estipula a obrigatoriedade do ensino de uma língua estrangeira moderna, cabendo à comunidade defini-la. Também prevê, no ciclo médio, o ensino de um segundo idioma estrangeiro em caráter optativo. O projeto que tramita no Congresso, ao tornar o espanhol obrigatório e silenciar sobre o inglês, teria como resultado a substituição do hoje dominante inglês pelo espanhol, pois são poucas as escolas que têm condições de ministrar mais de um idioma estrangeiro.

E, por maiores que sejam os méritos literários do espanhol, em termos de utilidade essa língua não se compara ao inglês, pela simples razão de que o idioma de Tio Sam é muito mais abrangente. Ele é, sem dúvida, o novo latim, código no qual se dão as comunicações entre povos que falam línguas diferentes. Ninguém é obrigado a gostar da primazia do inglês. Mas é preciso ser bastante tolo para não reconhecê-la.

Há outras questões que precisam ser levadas em conta. Uma delas: a inexistência de os cerca de 200 mil professores de espanhol que seriam necessários para implantação do projeto. Outra: os interesses dos lobbies ligados à venda de material didático.

De resto, vale lembrar um pormenor. É mais que oportuno reconhecer que, entre as maiores virtudes da LDB, está a de, até onde é possível, deixar que cada comunidade e não burocratas de Brasília defina o que lhe interessa. Aí, o espanhol ocupa o segundo plano.

(Editorial da Folha de S.Paulo)

Olho vivo! O parágrafo é um senhor auxiliar. Ajuda você a ler e a escrever melhor. Acredite: redigindo bons parágrafos, você redigirá bons textos.

LIÇÃO 7

O parágrafo

"Das palavras, as mais simples. Entre as mais simples, a menor."
Winston Churchill

Os professores não cansam de repetir: "Escrever é pensar".
Os livros de redação não ficam atrás. Dão o mesmo recado.
Uns e outros querem dizer isto – escrever é organizar as ideias.

Organizar as ideias é planejar o texto. Trocando em miúdos: é delimitar o tema, definir o objetivo, selecionar os argumentos capazes de sustentar a tese. É seguir mais ou menos o esqueminha com o qual temos trabalhado:

Tema: assunto geral do texto.

Leitor: destinatário(s), a quem o texto se destina.

Delimitação do tema: aspecto do tema que vai ser tratado.

Objetivo: aonde você quer chegar com seu texto.

Ideias do desenvolvimento: argumentos, exemplos, comparações, confrontos e tudo o que ajudar na sustentação do objetivo.

Eis um exemplo:

Tema: Brasília.

Leitor: assinante do caderno de turismo da *Folha de S.Paulo*.

Delimitação do tema: turismo em Brasília.

Objetivo: informar as opções de turismo em Brasília.

Ideias de desenvolvimento: Brasília monumental (palácios, catedral, Esplanada dos Ministérios, torre, Praça dos Três Poderes), Brasília ecológica (parques, cachoeiras), Brasília mística (Vale do Amanhecer, Cidade da Paz, Templo da Boa Vontade).

O planejamento do texto foi nosso assunto até aqui. Está pra lá de manjado. A esta altura dos acontecimentos, não constitui mais problema. Com ele, as ideias ficam mais claras. Agora, você não precisa se perguntar sobre o que escrever. Precisa, sim, descobrir como escrever para conquistar o leitor. A receita é uma só: tornar a mensagem clara e interessante. Os ingredientes são muitos. O primeiro: organização dos parágrafos.

Você tem um livro por perto? Abra-o em qualquer página. Repare que o texto é dividido em parágrafos. Por quê? O parágrafo dá um recado ao leitor. Diz que ali, naquele bloco, foi desenvolvida uma ideia. Uma só. Por isso o parágrafo é uma unidade de composição. Nele há uma ideia central. E tantas secundárias quantas forem necessárias para sustentá-la.

Quer ver? Leia o texto extraído da revista *Vogue:*

A história de Frida Giannini é o que se pode chamar de conto de fadas fashion. A estilista italiana chegou tímida à Gucci em 2001, sob a tutela de Tom Ford. Com a saída do chefe em 2004, ganhou o cargo de diretora de acessórios, responsável pelas bolsas, pelos sapatos e, claro, pelos relógios-desejo à venda na H. Stern. Com a saída da colega Alessandra Facchinetti, que comandou a linha feminina por duas coleções, Frida foi promovida a diretora criativa de uma das marcas mais tradicionais e poderosas do globo. De repente, um nome quase desconhecido passava a ocupar um posto pra lá de cobiçado.

O parágrafo tem unidade? Tem. No primeiro período, o autor anuncia a ideia que desenvolverá. Trata-se da história de Frida Giannini, considerada "conto de fadas fashion". A seguir, apresenta dois fatos que sustentam a afirmação. Um: ganhar o cargo de diretora de acessórios. O outro: ser promovida a diretora criativa.

Guarde isto: escrever parágrafos com unidade, coerência e charme não é dom nem graça divina. É técnica. E, como tal, está ao alcance de todos. Basta treinar.

LIÇÃO 8

O tópico frasal

"Lê tudo o que encontrares, mas não creias em tudo o que leres."
Petrus Alphonsi

Sabia? O que sustenta o texto é a organização das ideias em parágrafos. Há jeitos e jeitos de redigir os blocos. O mais seguro é o parágrafo padrão. Ele tem duas partes. A introdução, chamada tópico frasal, mata a cobra. Anuncia a ideia-núcleo. O desenvolvimento mostra o pau. Sustenta o tópico. Como? Cita exemplos, apresenta causas ou consequências, faz comparações, analogias, confrontos.

Veja:

Foi-se o tempo em que visitas a recém-nascidos se limitavam a rápidas olhadelas no berçário, quando muito seguidas de um tchauzinho para a mãe convalescente. Hoje o ritual de boas-vindas aos bebês inclui primeiras visitas com pompa, circunstância e regras dignas de bailes de debutantes. Afinal, se a primeira impressão é a que fica, convém que a estreia seja com docinhos de primeira, lembrancinhas que valem ouro, enfeites de porta com toque artístico e enxoval grifado.

O parágrafo tem unidade? Tem. Trata de um só assunto: a mudança no ritual das visitas a recém-nascidos. No tópico frasal (primeiro período), diz que as regras mudaram. Nos outros (desenvolvimento), mostra como são hoje.

Analise este exemplo:

A guerra dos sexos acabou. As mulheres ganharam, os homens perderam. Embaladas pelo movimento feminista, elas amealharam direitos, conquistas e espaços. Eles começaram a ver desaparecer o trono que ocupavam no centro da sala, da empresa, do mundo.

No tópico frasal, o autor anuncia o assunto do parágrafo: *a guerra dos sexos acabou.* O desenvolvimento a confirma: o resultado da guerra para as mulheres, que ganharam, e para os homens, que perderam.

Mais um:

Como acabar com a cultura do desperdício? Ela tem de ser desmontada por dentro. É preciso que os brasileiros não joguem fora restos de comida aproveitáveis, nem deixem as lâmpadas acesas quando saem de um aposento. É preciso que os livros escolares sejam aproveitados pelos irmãos menores. É preciso não destruir os bens públicos. É preciso, enfim, martelar insistentemente na necessidade de poupar.

O tópico frasal, aí, faz uma pergunta. O desenvolvimento responde-a citando exemplos.

Outro:

Oscar Niemeyer surpreendeu família, amigos e admiradores ao se casar com a secretária que trabalhava com ele desde 1992. Vera Lúcia Cabrera estava com 60 anos. O marido, a um mês de completar 99. Ainda que pareça decisão irracional, o casamento faz todo o sentido quando se conhecem a personalidade, os gostos e os amores de Niemeyer. Os encantos do sexo oposto sempre fascinaram o arquiteto. Embora tenha sido casado por 76 anos com Annita Baldo, italiana e mãe da única filha do casal, Niemeyer gostou de cortejar e admirar as formas femininas. São lendários os galanteios que fez, assim como os comentários – em tom de cochicho – segregados a amigos toda vez que uma mulher chamava sua atenção, para o bem ou para o mal.

O tópico frasal faz o que deve fazer – anuncia o assunto do parágrafo. Oscar Niemeyer surpreendeu a todos com o novo casamento. O desenvolvimento justifica a ação do arquiteto. Ele tem, agora e sempre, paixão pelas mulheres.

LIÇÃO 9

Como desenvolver o parágrafo: citação de exemplos

"O que você é grita tão alto que não ouvimos o que você fala."
Emerson

Escrever bom parágrafo tem duas vantagens. A primeira: dá prova de maturidade linguística. A segunda: ajuda a redigir boa dissertação. Criança é incapaz de escrever parágrafo com tópico frasal e desenvolvimento. Ela fica no tópico frasal. Não o desenvolve. Para ela, cada período constitui um parágrafo.

Mais tarde, com observação e treino, aprende a agrupar as ideias. Quando chega ao vestibular, está crescida e vacinada. Sabe que o parágrafo é uma unidade de composição. Desenvolve a ideia que vem anunciada no tópico frasal.

Existem várias estratégias de desenvolvimento do tópico frasal. Uma delas: citar exemplos. Outra: apresentar razões ou consequências. Mais uma: decompor a ideia nas respectivas partes. Comecemos pela primeira. As próximas lições cuidarão das demais.

Menos é mais. Menos sal na comida, menos açúcar nas bebidas, menos gordura nos ingredientes, menos sobras no prato, menos alimentos nas despensas e geladeiras abarrotadas são sinônimo de mais saúde e elegância. Menos roupas no armário, menos sapatos nas prateleiras, menos bolsas nas cômodas, menos joias nos cofres significam mais espaço para o novo.

Claro, não? O tópico frasal define a ideia-núcleo do parágrafo – menos é mais. O desenvolvimento cita exemplos. Eles pertencem a dois tipos. Um: alimentos. O outro: vestuário.

Todo clássico nasce ousado. Foi assim com o pretinho básico de Chanel e com o smoking de Saint Laurent. E também com a coleção Pedras Roladas, concebida por Constanza Pascolato a convite da H.Stern 10 anos atrás.

Observou a moleza? O tópico frasal faz uma afirmação simples – todo clássico nasce ousado. O desenvolvimento prova com três exemplos. Um: o pretinho de Chanel. Outro: o smoking de Saint Laurent. O último: a coleção de Constanza Pascolato.

As opiniões sobre o PAS divergem. Paulo da Silva, diretor do Colégio Franco, achou o teste abrangente. Saulo Dias, professor de Geografia, considerou-o parcial. Fábio Duarte, professor de Inglês, observou que a prova valorizou a decoreba.

Está na cara. O tópico frasal define a ideia-núcleo do parágrafo – as diferentes opiniões sobre o Programa de Avaliação Seriada (PAS). O desenvolvimento cita três exemplos para sustentar o tópico: a opinião do diretor do Colégio Franco, do professor de Geografia e do professor de Inglês.

Acidente de avião? Há pouco tempo era acontecimento pra lá de excepcional. Mas as coisas mudaram. Quedas de ae-

ronaves viraram rotina. Há dois anos, voo da Gol matou 154 pessoas. Dez meses depois, avião da TAM roubou a vida de 199 criaturas. Na semana passada, Tucano da FAB fez ameaças, mas poupou os passageiros. No dia seguinte, caíram três helicópteros. Dois dias depois, um jatinho despencou sobre quatro casas. E lá se foram oito vidas. Em uma semana, cinco desastres. É a maior média do planeta.

Que guloso! O tópico frasal desse parágrafo não aparece no primeiro período. A ideia que vai ser desenvolvida está no quarto enunciado – quedas de aeronaves viraram rotina. Os cinco exemplos não deixam dúvida a respeito do acerto da afirmação.

É isso. A citação de exemplos é a melhor estratégia que existe. Use e abuse dela. Seu texto fica concreto. O leitor agradece.

LIÇÃO 10

Como desenvolver o parágrafo: apresentação de razões e consequências

"A verdade se contenta com poucas palavras."
Dito popular

Apresentar razões é dizer os porquês. O tópico frasal faz uma declaração. Em geral, trata-se da consequência de uma ação. O desenvolvimento completa a informação. Explica o que motivou o fato.

Veja um exemplo:

Em Brasília, a estação das águas é bem-vinda. Depois de longa seca, o verde renasce, as flores explodem, os pássaros recuperam o gorjeio. O ar, cuja umidade chega aos níveis da do deserto, torna-se respirável. Primavera e verão se confundem.

O tópico frasal afirma que as chuvas são bem-vindas à capital do Brasil. O desenvolvimento diz por quê. E convence.

Outro:

Por que os estudantes têm dificuldade de escrever? Uma das razões é a falta de leitura. Outra, a falta de treino. A escola deve sanar essas deficiências.

O tópico frasal pergunta por que os alunos acham difícil escrever. O desenvolvimento responde. Apresenta duas causas: falta de leitura e falta de treino.

Mais um:

O mundo assiste à tragédia de Gaza com jeito de quem não tem nada com isso. Líderes dão declarações e fazem discursos diplomáticos. Esquecem-se de pormenor pra lá de incômodo. O sangue infantil que ensopa as ruas de Gaza não será lavado pela chuva. Sessenta anos de guerra demonstram que fará germinar sementes de ódio na França, na Alemanha, na Austrália, no Marrocos, em Nova York, em Londres, em Bombaim, em Madri. As crianças sobreviventes guardarão na memória as cenas de horror. Parentes e simpatizantes também. Cobrarão o preço.

Ops! O tópico frasal diz que o mundo assiste à tragédia de Gaza com jeito de quem não tem nada com isso. O desenvolvimento diz por quê. Em outras palavras: apresenta as causas da declaração feita na abertura do parágrafo.

O último:

O Distrito Federal perde o ar. Com o fim da cobertura vegetal, a temperatura sobe, as secas se prolongam. As autoridades fazem interpretação generosa das leis ambientais. Esquecem que o meio ambiente não é coração de mãe. As áreas de risco só comportam o limite de sua capacidade. Avançar é suicídio. Por enquanto, áreas que fazem o controle dão a impressão de que não há risco na ocupação crescente. Nada mais falso.

Moleza, não? O tópico frasal afirma que o Distrito Federal perde o ar. O desenvolvimento apresenta as razões. Nota 10.

LIÇÃO 11

Como desenvolver o parágrafo: decomposição, definição, confronto

"O dicionário é o pai dos inteligentes. Os burros dispensam-no."
Mário da Silva Brito

Citação de exemplos e apresentação de causas e consequências são estratégias pra lá de usadas e, por isso, pra lá de úteis. Mas há outras que convém conhecer e ter à mão sempre que necessário. A decomposição, a definição e o confronto sobressaem. Vamos a elas.

Decomposição

Como se divide o sujeito em português? O sujeito pode ser simples, composto e indeterminado. O simples tem um núcleo. O composto, mais de um. O indeterminado ninguém sabe. Há um sujeito, mas não se consegue apontá-lo.

41

Viu? O desenvolvimento, ao responder à questão do tópico frasal, recorre à decomposição. Divide o todo em partes. Depois retoma-as uma a uma. Fácil, não?

Definição

As ações bárbaras nas ruas do Rio se enquadram na síndrome da violência. Síndrome, diz o dicionário, é o conjunto de sintomas ligados a determinada doença. A violência indiscriminada é enfermidade social que se manifesta por certos indícios. O mais importante: negar individualidade ao inimigo. Não lhe dar um rosto. Não vê-lo como gente de carne e osso que tem pai, mãe, irmãos, filhos, amigos.

Ops! O tópico frasal apresenta conceito desconhecido da maioria das pessoas. O autor, de olho no leitor, define a novidade. Explica o que se entende por síndrome da violência. Palmas pra ele.

Confronto

Duas novidades disputavam a indicação democrata para a presidência dos Estados Unidos. De um lado, uma mulher. Hillary Clinton, branca, anglo-saxônica e protestante, representava o continuísmo. De outro, um negro. Barack Obama, com marcas multirraciais e multiculturais, prometia mudanças.

Entendeu a manha? No confronto, põem-se frente a frente duas pessoas, dois objetos, dois fatos. Apresentam-se as características de um. Depois as do outro. No exemplo, Hillary está num extremo. Obama, no outro.

Existem outras estratégias de desenvolver o parágrafo. Você pode usar uma só. Ou misturá-las. Mas precisa ter um cuidado. Ver se o texto ficou amarradinho, se uma frase conversa com outra. Se alguma ficou de fora, sem diálogo, preste atenção. Há algo errado.

LIÇÃO 12

Diga-diga-diga

"O fato mais interessante no ato de escrever é que o tempo some.
Três horas parecem três minutos."
Gore Vidal

É hora de escrever a redação. Lápis e papel na mão, a gente recebe o tema e faz o planejamento. Define o tópico, o leitor, o objetivo, as ideias do desenvolvimento. E depois?

Por onde começar? O desafio da primeira frase é antigo. Aparece até no livro *Alice no País das Maravilhas,* de Lewis Carroll. Lembra-se? Para os de memória curta, eis o trecho:

O Coelho Branco colocou os óculos e perguntou:
– Com a licença de Vossa Majestade, devo começar por onde?
– Comece pelo começo, disse o rei com ar muito grave, e vá até o fim. Então, pare.

Na resposta, o rei, sabido, traduziu a velha fórmula da redação. Com outras palavras, ele disse que o texto deve ter três partes. A primeira é a introdução. A segunda, o desenvolvimento. A terceira, a conclusão. Três palavrinhas definem cada uma. É o diga-diga-diga.

Na introdução, diga o que você vai dizer. Anuncie o assunto ao leitor. Ele tem direito de saber em que vai investir o tempo.

No desenvolvimento, diga o que você prometeu dizer. Não vale pegadinha. Escreveu? Tem de assumir. Se, na introdução, você anunciou que vai falar sobre a importância da língua espanhola, terá de levar o assunto até o fim.

Na conclusão, diga o que você disse. Encerre o assunto com charme. Lida a última frase, o leitor não deve virar a página para certificar-se de que o texto acabou. O texto deve falar sozinho.

Vale o exemplo. Leia o texto. Mas leia-o ativamente. Primeiro, faça a leitura panorâmica. Percorra-o do começo ao fim. Assim, você tem uma ideia do conteúdo da mensagem. Depois, faça a leitura analítica. Identifique a introdução, o desenvolvimento e a conclusão. Por fim, teste o diga-diga-diga.

Rito de passagem

A palavra rito vem do latim. Lá como cá, tem um significado básico. É o conjunto de regras e cerimônias que se devem observar. Inicialmente, na prática de uma religião. Assim, fala-se em rito católico, rito maronita, rito muçulmano. Depois, a acepção se estendeu a certos atos. É o caso do rito matrimonial, do fúnebre, do eleitoral.

A natureza tem seus ritos. As fases da lua é um. As estações do ano, outro. Os antigos comemoravam com grandes festas o fim de um e o começo de outro. Havia as festas da lua cheia, que encerravam o ciclo de 28 dias e desejavam boas-vindas ao próximo. Ou os festejos da primavera.

Com eles, davam adeus ao inverno e iniciavam a época de plantio e colheita que garantia alimentos para a vida na Terra.

Os homens também têm ritos. São marcos. Com eles, sublinha-se a passagem de um estado para outro. Na cerimônia de casamento, o solteiro vira casado. Na do velório, despede-se o morto, que passou desta vida para outra. Na da eleição, trocam-se os governantes. Quem foi deixa de ser. Quem não era torna-se.

Ano-novo significa algo mais que um dia novo no calendário. É um rito de passagem. Deixa-se para trás não o velho, mas o estagnado. O que ocupa espaço – físico ou psicológico – e não dá vez ao novo. Todos os povos o comemoram. Os chineses, em fevereiro. Os muçulmanos, em julho. Os judeus, em setembro ou outubro. Os cristãos, em 1º de janeiro.

Entre eles, há um denominador comum. Consideram a data o momento de dar as costas ao passado e olhar para o futuro. Em outras palavras: enterrar os cadáveres. A razão é simples. Um cadáver cheira mal. Exige que se lhe dê um destino. Alguns o enterram. Outros o cremam. Há os que o entregam a piranhas, leões, cães, aves de rapina.

Os psicólogos conferem ao cadáver significado simbólico. O indesejado não é só o corpo morto. Mas tudo que se deve esquecer. O emprego perdido, o prestígio passado, a fortuna que parou em outras mãos, o amigo que traiu, o filho que decepcionou, a beleza que se esvaiu. É o momento de mandá-los pras cucuias. Ir adiante. Difícil? É. Constitui desafio diário. É a faxina da alma.

Mais que abrir espaços externos (esvaziar armários, passar livros adiante), o ano-novo convida a expandir o espaço interior. Sugere abrir as portas ao desapego. Perdoar. Ódios, rancores e ressentimentos são cadáveres que clamam por sepultura. Sem enterro, eles cobram alto preço. Paga-se com a saúde, o humor, a paz de espírito. E impedem que sentimentos saudáveis se instalem. Nenhum inimigo vale tanto. Perdoar faz bem a quem perdoa. Deus dá o exemplo. Perdoar é o único vício do Senhor. O diabo morre de ódio.

Viu? O autor seguiu este esqueminha:

Tema: rito de passagem.

Leitor: membros do Rotary Clube.

Tópico: o ano-novo é rito de passagem.

Objetivo: demonstrar que o ano-novo é mais que mudança no calendário. É a oportunidade de enterrar cadáveres.

Ideias do desenvolvimento: significado de rito, ritos da natureza, ritos dos homens, significado do ano-novo como rito de passagem.

Introdução: 1º parágrafo.

Desenvolvimento: 2º, 3º, 4º e 5º parágrafo.

Conclusão: último parágrafo.

LIÇÃO 13

A introdução

"Só há um jeito de começar: é começar agora."
Stephen Koch

"A introdução é o que não pede nada antes, mas exige algo depois", definiu Aristóteles. Com razão. Ela introduz o leitor no assunto. Ao tomar contato com as primeiras linhas, ele descobrirá o que o texto lhe oferece. Atrações do mundo da moda? Dicas para o fim de semana? Estragos provocados pela crise econômica? Variações no preço do petróleo? Busca de energias alternativas?

Não faltam ofertas. É só escolher. E daí? Como começar? Comece por uma frase bem interessante. É com ela que você conquista o leitor. Seduzido, ele morrerá de vontade de prosseguir a leitura. A primeira frase pode ser uma pergunta, uma citação, uma declaração, o verso de um poema ou de uma canção. O importante é que esteja relacionada ao tema e permita encaminhar o assunto.

Voltemos à introdução do texto "O lobby do espanhol" apresentado na lição 6. A primeira frase provoca, dá vontade de prosseguir a leitura. As demais encaminham o assunto para a tese – não se justifica tornar obrigatório o idioma de Cervantes nas escolas brasileiras. Observe que o último período abre o caminho para a entrada dos argumentos que darão apoio ao ponto de vista do autor.

> *Ninguém duvida da beleza do idioma de Cervantes nem de sua utilidade. Além do autor de Dom Quixote, escreveram em espanhol Lope de Vega, Luis de Góngora, García Márquez e Jorge Luis Borges. Língua que mais cresce no mundo, o espanhol é falado hoje por 332 milhões de pessoas em dezenas de nações. Falam-no a maioria dos países vizinhos do Brasil e dos parceiros do Mercosul. Apesar de sua importância, porém, não se justifica a proposta de tornar seu ensino obrigatório no país.*

Viu? O parágrafo inicial disse o que o texto vai dizer. O desenvolvimento vai dizer o que a introdução anunciou. No pacto leitor-autor, impera a regra do jogo do bicho: vale o que está escrito. Se ele prometeu defender certa tese, não tem saída. Tem de cumprir.

> *"Há 24 anos voto em Bush ou Clinton. Por que deveria votar novamente numa Clinton?", perguntou a eleitora presente ao primeiro debate entre Obama e Hillary. Estava em disputa a eleição democrata para a Casa Branca. A senadora exibia segurança e, sobretudo, o apoio dos superdelegados. O voto deles – ex-presidentes, congressistas e caciques do partido – pesa muito mais nas primárias que os dos demais eleitores. Branca, anglo-saxônica e protes-*

tante, a ex-primeira-dama representava o continuísmo. O adversário, com marcas multirraciais e multiculturais, prometia o que a jovem entrevistada cobrava – mudança.

Legal, não? A introdução pega o leitor pelo pé. Começa com a pergunta desafiadora que a eleitora fez no primeiro debate entre Hillary Clinton e Barack Obama. Eles disputavam a vaga do partido democrata. Ela era mais do mesmo. Ele prometia mudanças. O desenvolvimento do texto só tem um caminho – responder à questão.

Um mau texto é como areia movediça. Se você se mexer, afundará mais ainda. Se você está ficando frustrado e exausto de tanto brigar com uma passagem, é melhor voltar à inspiração original e, sem olhar muito para trás, rapidamente escrever tudo de novo, a partir do zero, de memória. (Stephen Koch)

Ops! Que cruel! Stephen Koch introduz o artigo com uma comparação – um mau texto é como areia movediça. Depois justifica a afirmação. Ficar ou continuar é sempre má escolha. Melhor voltar atrás e começar tudo de novo.

"Foi o corpo a corpo que me deixou nesta enrascada", desabafou Renan Calheiros. O então presidente do Senado jogou à antiga. Encheu os olhos com a imagem da mulher bonita. Pulou o muro. Ela virou teúda e manteúda como as velhas conquistas dos coronéis de Jorge Amado. Mas no século XXI o cenário é outro. Ao tentar cortar regalias da ex-novidade, ele se deparou com adversária profissional. Sem cerimônia, a moça foi à luta. Lançou mão das conquistas feministas que se acumulam há meio século.

O autor recorreu à citação para começar a introdução. O desabafo de Renan Calheiros é seguido pela explicação de que ele jogou um jogo velho. Hoje as regras são outras. Mas ele as ignorou. Deu no que deu. Perdeu a presidência do Senado.

A história dos cartões corporativos lembra o conto "O alienista", de Machado de Assis. Simão Bacamarte, protagonista da narrativa, era médico especialista em cuidar de mentes. Propõe-se, ao se mudar para a pequena Itaguaí, fixar as fronteiras entre o normal e o anormal nas cabeças humanas. Com fé cega na ciência, ele transforma a cidade em hospício.

Vale tudo para seduzir o leitor, não? No caso, o autor recorre a personagem machadiano para falar dos cartões corporativos. Quem não quer saber como a história acaba? Só alienado.

LIÇÃO 14

O desenvolvimento

"Encontre tempo para escrever."
Ann Beattie

O texto tem começo, meio e fim. Em outras palavras: tem introdução, desenvolvimento e conclusão. Aristóteles definiu as três partes:

Introdução: o que não pede nada antes, mas exige algo depois. Sua função é apresentar o assunto, dizer o que o texto vai dizer. O parágrafo introdutório foi o assunto da lição anterior. Está no papo.

Desenvolvimento: o algo depois exigido pela introdução. É a argumentação. Diz o que a introdução disse que o texto ia dizer. Como sustentar a tese? Eis o desafio. Vamos a ele. Enfrentemo-lo com a história da enrascada completa de Renan Calheiros. Você conhece a introdução. Continue a leitura. Antes, analise o esqueminha:

Tema: o escândalo Renan Calheiros X Mônica Veloso.

Leitor: assinantes do *Correio Braziliense*.

Delimitação do tema: as novas regras do jogo amoroso.

Objetivo: demonstrar que o jogo amoroso tem novas regras.

Ideias do desenvolvimento: as conquistas feministas, a reação masculina, as novas regras do jogo amoroso.

Jogo da sedução high tec

"Foi o corpo a corpo que me deixou nesta enrascada", desabafou Renan Calheiros. O então presidente do Senado jogou à antiga. Encheu os olhos com a imagem da mulher bonita. Pulou o muro. Ela virou teúda e manteúda como as velhas conquistas dos coronéis de Jorge Amado. Mas no século 21 o cenário é outro. Ao tentar cortar regalias da ex-novidade, ele se deparou com adversária profissional. Sem cerimônia, a moça foi à luta. Lançou mão das conquistas feministas que se acumulam há meio século.

As mulheres inventaram o tal movimento feminista. Começou como uma porra-louquice. Desvairadas queimavam sutiã em praça pública ou exibiam a barrigona grávida pelas areias de Copacabana. "Coisa de mulher feia ou mal-amada", disseram os machões daqueles felizes idos de 1960. Bobearam. As atrevidas avançaram. Ocuparam as vagas das universidades. Roubaram empregos, direção de empresas e cadeiras na política. Partiram para a produção independente. Pior: com o banco de sêmen, homem virou objeto dispensável.

Alguns reagiram. Começaram pela reforma do corpo. Fora, barriguinha, papada, bolsa nos olhos ou pálpebra caída. Pneus? Nem importados. Careca? Xô! Venham, implantes, plásticas, botox, academias, patins, cremes

antirrugas. Não só. Pra combinar solidez com sensuali-
dade, foram ao psicólogo falar de medos e inseguranças.
A razão: ela se tornou exigente. A qualquer falha, a cria-
tura bota a boca no mundo e o pobre na desmoralização.
Isso sem falar nas delegacias de mulheres, que deixaram
os machos desorientados. Basta ver os processos que se
empilham na Justiça.

Até assédio sexual dá cadeia. Nada de sutilezas, portas
fechadas, falas baixas, olhares maliciosos, promessas
veladas. O velho jogo da sedução ganhou novas regras.
O verbo é ficar. Ele é macho soft, de última geração,
com tecnologia de ponta. Ela, fêmea produzida, corpo
impecável, cartão de crédito na bolsa e consciências dos
direitos e deveres. Meter-se com a nova Eva? Só Renan
e companhia desconectada. Os sintonizados adotam
encontros via internet, com imagens holográficas, sons
eróticos e sensações senestésicas. Machos e fêmeas high
tec não dão chance ao azar. O tempo passou na janela.
Mas Calheiros não viu.

Que texto redondinho, hein? Ele tem unidade porque
desenvolve um só tema. No caso, as novas regras do jogo
amoroso. A introdução (1º parágrafo) diz que Renan jogou à
antiga. Mas encontrou adversária moderna, que lançou mão
das conquistas que se acumulam há 50 anos.

O desenvolvimento sustenta a tese. Primeiro, enumera
as mudanças ocorridas na sociedade depois do movimento
feminista. Depois, fala na reação masculina. Por fim, na conclusão, o resultado de meio século de idas e vindas.

LIÇÃO 15

A conclusão

"Sempre reluto em começar a escrever. E também em parar."
Gore Vidal

"Introdução", diz Aristóteles, "é o que não pede nada antes, mas exige algo depois". Desenvolvimento é o algo depois exigido pela introdução. E a conclusão? Está na cara. É o que pede algo antes, mas não aceita nada depois. Trata-se do fecho.

Acabar bem é tão importante quanto começar bem. Há quem diga que as partes mais importantes do texto são as três primeiras e as três últimas palavras. Talvez seja exagero. Mas chamam a atenção para pormenor pra lá de significativo.

As três primeiras palavras são o teste de fogo. É com elas que pegamos o leitor, ou o deixamos escapar. As três últimas respondem pela boa ou má impressão. Um fecho sedutor constitui parte crucial de qualquer mensagem. Ele coroa o esforço do planejamento, da pesquisa e da redação. Se o autor bobear no momento decisivo de bater o ponto final, porá tudo a perder.

Há jeitos e jeitos de brindar o leitor com o fecho que a dissertação merece. Que tal uma informação inesperada, mas que tem tudo a ver com o assunto? Quem sabe uma história relevante? Ou uma declaração reservada para o final? Vale também a síntese do que foi dito. Ela facilita a compreensão do tema tratado.

Seja qual for a escolha, uma condição se impõe. A conclusão, vale lembrar Aristóteles, "não aceita nada depois". Com ela, o leitor não precisa virar a página para ver se o texto realmente acabou. Nem o autor tem de escrever "fim", *the end*", "acabou" para avisar que é hora de parar.

Quer um exemplo? Leia o texto:

O pecado dos pecados

A história dos cartões corporativos lembra o conto "O alienista", de Machado de Assis. Simão Bacamarte, protagonista da narrativa, era médico especialista em cuidar de mentes. Propõe-se, ao se mudar para a pequena Itaguaí, fixar as fronteiras entre o normal e o anormal nas cabeças humanas. Com fé cega na ciência, ele transforma a cidade em hospício.

A Casa Verde tem portas largas. Pra lá vão os loucos furiosos, antes trancados em alcovas até a morte. Vão os loucos mansos, que passavam os dias andando às soltas na rua. Vão, sobretudo, pessoas normais em quem o cientista descobre rasgos de loucura. Aos poucos, o leitor passa a desconfiar do Mangabeira Unger machadiano. No fim a criatura muda de lugar: liberta os loucos e interna-se no manicômio.

Fazer analogia com a Casa Verde e a administração pública nacional talvez não seja exagero. A falta de critério ou, quem sabe, a elasticidade do critério responde pela disseminação dos cartões corporativos. Eles, como o sanatório de Itaguaí, destinavam-se a poucos e tinham papel específico – fazer frente a pequenas despesas inesperadas. Sem mais nem menos, porém, passaram a servir a muitos senhores e a outros interesses.

Hoje, não só o Executivo faz a festa. Judiciário, Ministério Público, Tribunal de Contas e até a Controladoria-Geral da União também deitam e rolam. A farra não se restringe ao plano federal. Disseminou-se por estados e municípios. O acesso se banalizou. Até faxineiros e motoristas carregam no bolso o cartão que vira dinheiro vivo. Melhor: as despesas não deixam rastro.

Desaforo? A oposição chiou. Prometeu criar uma CPI para pôr fim à orgia petista. O governo saiu na frente. Requereu, antes, CPI mais ampla. Abarcaria os governos Lula e Fernando Henrique, pai da criança. Vozes se calaram. Outras abaixaram o tom. O acórdão veio rapidinho. "Depois do pecado", pensaram com Machado de Assis, "o maior pecado é a publicação do pecado". Todos se recolheram à Casa Verde. Nem Simão Bacamarte ficou de fora.

Lógico, não? O autor seguiu este esqueminha:

Tema: cartões corporativos.

Leitor: leitores de O *Globo*.

Delimitação do tema: abuso no uso do cartão corporativo.

Objetivo: demonstrar a farra que os Três Poderes fazem com o cartão corporativo.

Ideias do desenvolvimento: a disseminação dos cartões corporativos lembra o conto "O alienista", de Machado de Assis; o porquê da disseminação dos cartões corporativos; reação da oposição.

Introdução: 1º parágrafo.

Desenvolvimento: 2º, 3º e 4º parágrafo.

Conclusão: último parágrafo.

LIÇÃO 16

O time da língua

"Escrita: arte de destelhar a casa sem que os transeuntes percebam."
Carlos Drummond de Andrade

"Socoooooooooooooooooooooooooooorro!", gritam os concurseiros e vestibulandos de Europa, França e Bahia. O motivo: perdem pontos a rodo num tal item chamado coesão. Eles procuram o assunto nas gramáticas. Não encontram. Celsos Cunhas, Becharas, Cegallas não dedicam nenhum capítulo ao tema. Por quê?

A razão é simples. Coesão está presente na morfologia, na sintaxe, nas figuras de linguagem. Ao estudar substantivos, verbos, pronomes, conjunções, preposições, coordenação, subordinação etc. e tal, indiretamente estudamos coesão. Eles oferecem recursos pra ligar palavras, ligar períodos, ligar parágrafos. Em suma: juntar partes soltas em unidades coerentes.

Anel e *ouro* são duas palavras que não se conhecem nem de elevador. Mas formam unidade com a ajuda da preposição *de*: anel de ouro.

Cozinho, estamos sem empregada.

Que relação existe entre enunciados assim independentes? A conjunção se encarrega de pôr os pontos nos ii. Ela pode indicar causa (*cozinho porque estamos sem empregada*). Pode indicar tempo (*cozinho quando estamos sem empregada*). Pode indicar duração (*cozinho enquanto estamos sem empregada*). Pode indicar condição (*cozinho se estamos sem empregada*).

Pronomes exercem duplo papel. Além de auxiliar a coesão, contribuem para a elegância. Como? Evitam repetições. Veja:

> *Rafael e João Marcelo são irmãos. Este estuda medicina; aquele, direito. (Este substitui João Marcelo; aquele, Rafael.)*

> *Oscar Niemeyer se casou aos 99 anos. Ele e a noiva se conheceram anos antes.*

Por falar em repetição...

Nem toda repetição é má. A estilística dá liga e charme ao texto. É o caso do "pode indicar" reiterado anteriormente. É o caso, também, deste trecho de Barack Obama:

> *Sim, nós podemos. Nós podemos recuperar a economia do país. Nós podemos legar uma pátria melhor para nossos filhos e netos. Nós podemos respeitar os direitos humanos. Nós podemos zelar pelo meio ambiente. Nós podemos construir um mundo mais justo e democrático. Sim, nós podemos.*

Viu? O entrelaçamento das ideias se dá por meio de vários mecanismos. Examinamos alguns. Há mais. A manutenção do tema figura entre os mais importantes. Trata-se da perseguição do tema sem desvios. É a tal história: quem se ajoelha tem de rezar. Examine este parágrafo do livro *Sonhos de Einstein*, de Alan Lightman:

> *Minúsculos sons da cidade flutuam pela sala. Uma garrafa de leite tilinta contra uma pedra. Um toldo é esticado*

em uma loja. Uma carroça de verduras transita lenta-
mente por uma rua. Um homem e uma mulher sussurram
em um apartamento próximo.

Que responsabilidade! O tópico frasal (1º período) amarrou as ideias. Sem ele, os exemplos de sons da cidade ficariam sem elo. O leitor não saberia aonde as frases querem chegar. Em suma: um amontoado de ideias e nenhum recado. (Duvida? Banque o São Tomé. Leia o parágrafo sem o tópico frasal. E daí?)

Texto e equipe

Imagine a situação. Com carta branca, Alex Ferguson formou o time com os melhores jogadores do mundo. Todos do nível de Cristiano Ronaldo, Kaká, Messi, Ronaldinho Gaúcho. Confiante no talento individual, pôs a equipe em campo antes de definir a posição e movimentação de cada um pra atingir o objetivo. Qual? O gol, claro.

Sem plano que as orientasse, as criaturas não formaram conjunto. E, claro, não se entenderam. Corriam sem rumo, chutavam a esmo, estranhavam a bola. Eram 11 Pelés transformados em 11 patetas. O resultado? Fiasco nota 10. (Qualquer semelhança com a Seleção Brasileira de 2006 não é mera coincidência.)

A imagem vale para a redação. Belas ideias, belas palavras e belas frases não resultam necessariamente em bom texto. Pra chegar à unidade de composição, elas precisam se articular – entrosar-se com clareza, harmonia e coerência. Em bom português: as palavras têm de conversar pra formar períodos. Os períodos têm de conversar pra formar parágrafos. Os parágrafos têm de conversar pra formar o texto. O bate-papo tem nome. Chama-se coesão textual.

LIÇÃO 17

Redação nota 10

"História não se explica. Conta-se."
Jorge Amado

Redação é habilidade. Joga no time da natação, do salto, da digitação. A gente só se torna campeão nas águas se treinar. Só salta como Maurren Maggi se praticar. Só digita 400 palavras por minuto se se exercitar. Só escreve um texto nota 10 se escrever muito e sempre. A ordem é treino, treino, treino.

Na hora da prova, você estará pra lá de preparado. Não tem por que dar vez ao nervosismo. Fique calmo. Respire fundo três vezes. Devagarinho. Deixe o ar chegar ao fundão da barriga. Visualize o umbigo. Sorria pra ele por dentro e por fora. Pronto. Parta pra luta.

1. Leia o tema da redação três vezes. Entenda-o.

2. Planeje o texto: delimite o tema, defina o objetivo, selecione as ideias capazes de sustentar a tese que você se propõe defender.

3. Faça o plano estudado nas lições anteriores:
   a. Tema: assunto geral do texto.
   b. Delimitação do tema: aspecto do tema que vai ser tratado.
   c. Objetivo: o que você quer com seu texto?
   d. Ideias do desenvolvimento: argumentos, exemplos, comparações, confrontos e tudo que ajudar na sustentação do ponto de vista que você quer apresentar ao leitor.

4. Eis um exemplo:
   a. Tema: acidentes no trânsito.
   b. Delimitação do tema: responsabilidade pelos acidentes de trânsito.
   c. Objetivo: demonstrar que irresponsáveis não podem pegar o volante.
   d. Ideias do desenvolvimento: falhas humanas respondem por 95% dos acidentes de trânsito, estatísticas sobre as mortes no asfalto, lei seca, fiscalização do cumprimento da lei.

5. Com o plano feito, redija. Comece pelo começo. Escolha uma frase bem atraente. Pode ser uma declaração, uma citação, uma pergunta, um verso, a letra de uma música. Depois desenvolva a tese. Cada ideia num parágrafo. Por fim, conclua. Lembre-se do fecho sedutor.

6. Seja natural. Imagine que o leitor esteja a sua frente ou ao telefone conversando com você. Fique à vontade. Espaceje suas frases com pausas. Use a voz ativa. Sempre que couber, introduza uma pergunta direta. Confira a seu texto um toque humano. Você está escrevendo para pessoas – gente igualzinha a você.

Somos crescidinhos

O inferno são os outros? Pode ser. Mas somos nós também. Os acidentes no trânsito servem de prova. Desculpas nunca faltaram ante os corpos estendidos nas pistas. Boa parte jogava a culpa nas costas do Estado – vias perigosas e intensivas em buracos, sinalização precária, policiamento inexistente. Uma ou outra se referiam ao motorista. Generosas, diziam que ele cochilou. Ou sofreu mal-estar súbito. Ou tentou se desviar deste ou daquele obstáculo e perdeu o controle do veículo.

Pesquisas ampliam a visão sobre a realidade. Mais de 95% das tragédias no asfalto se devem a falhas humanas. (Elas não vêm sós, claro. Aliam-se a outras.). Pior: boa parte dos condutores que matam ou morrem consome álcool – 40% nos dias úteis, 70% nos fins de semana. Confiantes na sorte e na impunidade, enchem a cara mesmo conscientes do risco. Com os reflexos comprometidos e o comportamento alterado, respondem com lentidão aos desafios do volante. Resultado: 2007 registrou triste estatística. Cerca de 40 mil pessoas perderam a vida nas rodovias brasileiras.

E daí? O presidente Lula emitiu medida provisória que proíbe a venda de bebida alcoólica nas estradas federais a partir de 1º de fevereiro. O teto prevê multas pesadas. No caso de reincidência, o estabelecimento terá as portas fechadas. E por aí vai. Haverá fiscalização? Não. Sem o censor, será mais uma lei que não pegará. Motoristas festejam a continuidade da farra. Se não encontrarem a birita no caminho, levarão a garrafa no carro.

O ministro da Saúde pediu que pessoas denunciem irregularidades. Talvez denunciem. Mas a prática não faz parte da nossa cultura. Temos escrúpulo de dedurar os outros. (Somos diferentes dos americanos. Lá, as crianças entregam o colega que cola. Consideram desaforo a concorrência desleal.) Fica, então, a pergunta. Estamos condenados a morrer ou a recolher filhos e netos enrolados em plástico preto? Vamos e venhamos. Quem tem carteira de habilitação é vacinado e maior de idade. Se precisa de babá, não pode assumir a responsabilidade da própria vida e da vida dos outros. Cresça e apareça.

LIÇÃO 18

Redação matemática

"Tenha pena do leitor."
Kurt Vonnegut

Escrever? É mandar recado. Ler? É entender o recado. Do conceito, pinta o desafio. Como fazer o leitor entender o recado? Há etapas. A primeira: ele tem de ler o texto. A segunda: tem de entendê-lo. Sem isso, o autor fracassa. Valha-nos, Deus! É frustrante.

Ninguém quer jogar o esforço na lata do lixo. O jeito é dar um jeito. Se o leitor é a grande vedete da comunicação, vamos conquistá-lo. Estudiosos do tema prescrevem várias receitas. Elas têm um denominador comum. Chama-se sedução. A combinação de ingredientes leva ao produto mágico. É o texto fácil.

Um texto claro, enxutinho e prazeroso não nasce em árvore. É fruto de trabalho – 99% de transpiração e 1% de inspiração. O objetivo é um só: facilitar a vida do leitor. Como? Com frases curtas, ordem direta, palavras simples, economia de adjetivos e advérbios.

Lido, relido, reescrito muitas vezes, eliminam-se repetições, enxotam-se redundâncias, chega-se à clareza. Terá ficado bom? Amigos podem palpitar. E há um tira-teima que ajuda. Trata-se do teste de legibilidade. Aplicando-o, a gente tem ideia do grau de dificuldade da mensagem que mandamos pro outro.

O teste

Em que consiste o termômetro? Pegue um escrito seu. Pode ser uma carta, um artigo, uma redação. Depois, siga a receita. Com um cuidado: faça parágrafo por parágrafo.

Eis os passos:

1. Conte as palavras do parágrafo
2. Conte as frases (cada frase termina por um ponto)
3. Divida o número de palavras pelo número de frases. Assim, você terá a média da palavra/frase do texto
4. Some a média da palavra/frase do texto com o número de polissílabos
5. Multiplique o resultado por 0,4 (média de letras da palavra na frase de língua portuguesa)
6. O produto da multiplicação é o índice de legibilidade

Possíveis resultados:

1 a 7 = história em quadrinhos
8 a 10 = excepcional
11 a 15 = ótimo
16 a 19 = pequena dificuldade
20 a 30 = muito difícil
31 a 40 = linguagem técnica
acima de 41 = nebulosidade

Aplicação

Vamos ao tira-teima? Leia o texto publicado no *Correio Braziliense*:

Os integrantes do Conselho de Ética aguardavam o presidente do PL, Valdemar Costa Neto. Mas quem roubou a cena foi sua ex-mulher, a socialite Maria Christina Mendes Caldeira. Depois de tumultuada separação litigiosa, Maria Christina transformou-se em uma das principais acusadoras de Valdemar. Puxando uma mala, que ela fez questão de dizer que "não era a mala do mensalão", Maria Christina causou burburinho ao surgir no conselho distribuindo camisetas do projeto Bem Querer Mulher, ONG criada para combater a violência contra a mulher.

Eis o que deu:

1. Palavras do parágrafo = 86

2. Número de frases = 4

3. Média da palavra/frase (86 dividido por 4) = 21,5

4. 21,5 + 12 = 33,5

5. 33,5 x 0,4 = 13,40

Resultado: legibilidade ótima

Agora, o seu texto. Escolha um parágrafo de carta, artigo, redação escolar e aplique o teste. Se o resultado ficar acima de 15, abra o olho. Facilite a vida do leitor. Você tem dois caminhos. Um: diminua o tamanho das frases. O outro: mande algumas proparoxítonas dar uma voltinha. O melhor: abuse dos dois.

SEGUNDA PARTE

Qualidades do estilo

Puro prazer

Em grego, é hedone. Em português, hedonismo. Numa e noutra língua, o significado se mantém. É prazer. A sensação gostosa fez escola. Virou doutrina da filosofia. Segundo ela, o prazer deve ser considerado o objetivo principal dos atos humanos.

Alguns concordam. Outros não. Mas uma coisa é certa. Ninguém gosta de sofrer. A regra vale para a leitura. Texto difícil não tem vez. E não é de hoje. Montaigne, no século XVI, disse com todas as letras: "Ao encontrar um trecho difícil, deixo o livro de lado". Por quê? "A leitura é forma de felicidade", respondeu ele. "Se lemos algo com dificuldade, o autor fracassou", completou Jorge Luis Borges quatro séculos depois.

A observação não se restringe a livros. Engloba jornais, revistas, cartas comerciais, redações escolares, receitas de comida gostosa. Sem fisgar o leitor, adeus, emprego! Adeus, nota boa! Adeus, sobremesa dos deuses! Por isso, roguemos ao Senhor. Que Ele ilumine mentes, penas e teclados. E cada um faça a sua parte.

Elegância, simplicidade e sedução são conquistas. Exigem treino, desapego e vontade de melhorar. Especialistas dão dicas para chegar ao estilo mais eficaz. As sugestões não têm a ver com o certo e o errado. Mas com o jeito de dizer. As técnicas percorrem três trilhas. A primeira passa pelo vocabulário. A segunda, pela frase. A última, pelo texto. Dar uma voltinha pelos mistérios do estilo é assunto das próximas lições. Vamos lá?

LIÇÃO 19

Regras de ouro da escrita

"Escrever é rua de mão dupla.
O que acontece na outra pista é a leitura."
Martin Amis

O texto é rua de mão dupla. Numa pista está a escrita. Na outra, a leitura. Quem escreve precisa manter os olhos abertos e os ouvidos atentos ao que vem de lá. A tarefa é árdua. Exige, como de todo bom motorista, atenção, sensibilidade e técnica. Convenhamos: um ou outro condutor podem ter uma ou outra habilidade inatas. Mas precisam desenvolver outras. É possível? É. Existem autoescolas e instrutores capazes de iluminar o caminho das pedras. Eles não chutam. Guiam-se pelas regras do código de trânsito.

Redatores profissionais conhecem as normas da escrita. São muitas. As gramaticais estão no papo. Concordâncias, regências, pontuações & cia. são café pequeno. Estudadas desde os primeiros anos, oferecem-se sem resistência. O desafio reside na legibilidade. É preciso ser entendido. Pra chegar lá, três regras merecem atenção especial. Uma: menor é melhor. Outra: menos é mais. A lanterninha, mas não menos importante: os primeiros serão os primeiros.

Menor é melhor

Entre duas palavras, fique com a mais curta. Entre duas curtas, a mais simples. Ignore as pretensiosas e ocas. Elas afugentam o leitor. Só ou somente? Só. Colocar ou pôr? Pôr. Chuva ou precipitação pluviométrica? Chuva. Contabilizar ou somar? Somar. Equalizar ou igualar? Igualar. Fidelizar ou conquistar? Conquistar. Priorizar ou dar prioridade? Dar prioridade.

Não só vocábulos contam. Frases também entram na jogada. A frase curta – com mais ou menos 150 toques – tem duas vantagens. Uma: diminui o número de erros. A gente tropeça menos nas conjunções, nas vírgulas, na concordância, na correlação verbal. A outra: torna o texto mais claro, a maior qualidade do estilo.

Como chegar lá? Vinicius de Moraes deu a dica. "Uma frase longa", disse ele, "não é nada mais que duas curtas". O *Manual de estilo da Editora Abril* foi atrás: "Na dúvida, use ponto". O jeito, então, é desmembrar as compridonas. Use pontos. Compare:

> *Na Câmara e no Senado, parlamentares transformaram a eleição para a presidência em balcão de negócios, discutindo privilégios em público, sem cerimônia ou senso de oportunidade, buscando garantir cargos, vantagens, gabinetes, funcionários, gratificações.*

> *Na Câmara e no Senado, parlamentares transformaram a eleição para a presidência em balcão de negócios.*

Discutem vantagens em público sem cerimônia ou senso de oportunidade. Entre as barganhas, figuram cargos, gabinetes, funcionários, gratificações.

Menos é mais

"Escrever é economizar palavras", ensina Drummond. "Escrever é cortar", confirma Marques Rebelo. "Seja conciso", aconselha o professor. Os três dão o mesmo recado – respeite a paciência do leitor. Quanto menos palavras você gastar pra transmitir uma ideia, melhor. Muito melhor.

Como ser conciso sem prejudicar a mensagem? Existem atalhos. Um deles: eliminar palavras ou expressões desnecessárias. Artigos indefinidos, pronomes possessivos, adjetivos, advérbios são candidatos à tesoura. Menos palavras é mais clareza, mais objetividade, mais rapidez. Compare:

Neste momento, depois de tanto ler, nós acreditamos que, sempre que necessário e aprovado pelo bom senso, o redator deve tentar escrever seus textos com substantivos e verbos, eliminando todas as demais classes gramaticais.

Cruz-credo! A ideia central está escondida na selva de palavras. Fiquemos com o essencial:

O redator escreve textos com substantivos e verbos.

Os primeiros serão os primeiros

A psicologia prova. A pessoa só consegue dominar certo número de palavras antes que os olhos peçam pausa. Testes sobre a legibilidade e a memória demonstram dois fatos.

Um: se o período tem a média de 200 toques, o leitor retém a segunda metade pior que a primeira. Dois: se 250 ou mais, grande parte do enunciado se perde. Daí a importância da frase curta e da ordem direta – sujeito, verbo, objeto direto e indireto, adjunto adverbial.

Michel Temer (suj.) disputa (verbo) a presidência da Câmara (obj.) na segunda-feira. (adj. adv.)

Fugiu dessa carreirinha? Entrou na ordem inversa:

Na segunda-feira, Michel Temer disputa a presidência da Câmara.

A presidência da Câmara Michel Temer disputa na segunda-feira.

Michel Temer, na segunda-feira, disputa a presidência da Câmara.

A primeira estrofe do Hino Nacional abusa da ordem inversa. Com ela, dá passagem à dificuldade:

Ouviram do Ipiranga as margens plácidas de um povo heroico o brado retumbante.

Na ordem direta, a clareza põe a cabeça de fora:

As margens plácidas do Ipiranga ouviram o brado retumbante de um povo heroico.

Moral da história: ao contrário do apregoado pelo dito popular, os últimos não serão os primeiros. Serão os últimos mesmo.

LIÇÃO 20

Forma positiva e forma concreta

"O chato, na verdade, é o sem livro."
Jaime Pinsky

Você gosta de ouvir um redondo não? Ninguém gosta. Nem os bebês. Dizem que a criança que escuta muitos nãos nos primeiros meses de vida grava a negação na mente. Aí, Deus a acuda. Candidata-se ao título de adulto infeliz. Para alegria do psicólogo, claro.

O leitor e o ouvinte também têm horror a esse advérbio. Fazem tudo para ignorá-lo. Muitas vezes, passam batido por ele. O recado, então, é lido pelo avesso.

Pra evitar traumas e distorções, fuja do não. Use uma linguagem positiva. Diga o que é, nunca o que não é. *Não chegar na hora* é *chegar atrasado. Não ser necessário* é *ser dispensável. Não vir à aula* é *faltar à aula.*

Dizer o que não é soa pouco objetivo, impreciso, hesitante. Dá a impressão de que se está fugindo do compromisso de afirmar. Como escapar do não? Reescreva a frase mantendo a ideia. Quer ver?

*Ele **não acredita** (duvida) que o professor chegue a tempo.*

*O presidente **diz que não fará** (nega) alterações no programa de privatização.*

*Os políticos **não sabem** (ignoram) que fazem parte do Estado.*

***Não se lembrou** (esqueceu-se) do recado.*

*Os laboratórios **não podem** (só podem) fabricar os novos remédios **se não** (se) pagarem royalties.*

***Não é possível** (é impossível) reparar os erros passados.*

*A lei **não altera** (mantém) a situação dos aposentados.*

*O servidor público **não é mais** (deixou de ser) servidor.*

Dá trabalho chegar à forma positiva? Às vezes dá. Mas vale a pena. O que se escreve com esforço se lê com prazer. Lembre-se disso antes de desanimar.

Não só a forma positiva agrada ao leitor. A forma concreta assegura aplausos semelhantes. Como chegar lá? Escolha termos específicos. Há palavras que são mais focadas que outras. Gato siamês é mais singular do que simplesmente gato; homem, mais do que animal; laranjeira, mais que árvore; árvore, mais do que planta ou vegetal. Trabalhador é termo de sentido geral, muito amplo; jornalista tem sentido mais restrito; jornalista da tv Senado, mais ainda.

Ao descrever uma cena de rua, você pode referir-se genericamente a transeuntes ou particularizar: homens, jovens, estudantes, alunos da usp. Escrever "foi um período difícil" constitui vagueza. "Estive desempregado durante três meses" é mais preciso, bem melhor.

Compare os textos. O primeiro prima pela generalização. O segundo, pela especificação:

> *Os jovens chegaram num carrão bonito. Usavam calças velhas, camisetas e óculos de sol. Entraram no primeiro restaurante que encontraram pela frente sem se preocupar com o preço.*

> *Os jovens, entre 15 e 18 anos, chegaram numa BMW azul. Usavam calça jeans com remendos nas pernas, camiseta de malha branca e óculos de sol. Entraram no primeiro restaurante que encontraram pela frente, um italiano especializado em massas de Bologna, sem se preocupar com o preço.*

Viu a diferença? Não foi por acidente que Gonçalves Dias compôs: "Minha terra tem palmeiras / Onde canta o sabiá". Se tivesse dito "Minha terra tem árvores / Onde canta o pássaro", seus versos estariam enterrados com ele, ignorados de todos.

Siga a regra: o específico é preferível ao genérico; o definido ao vago; o concreto ao abstrato.

LIÇÃO 21

Declarações

"A invasão linguística não é só cultural. É geopolítica."
Bernard Cassen

Para seduzir o leitor, vale tudo. Palavras, opiniões e declarações alheias são muito bem-vindas. Bem escolhidas, ilustram o conteúdo, dão-lhe charme e lhe conferem credibilidade. Elas podem ser transcritas literalmente ou não. Se *ipsis literis*, devem vir entre aspas. Aí, não há escapatória. A identificação do autor se impõe. Retardá-la deixa o leitor ansioso, às vezes irritado. Melhor não correr riscos. Há jeitos de cortar caminho.

Nas declarações longas, identifique o autor imediatamente – antes da citação ou depois da primeira frase:

Antonio Gramsci escreve: "Por que as línguas são focos de resistência? Porque a língua não é só um meio de comunicação. Uma língua é uma visão do mundo".

Ou

"Por que as línguas são focos de resistência?", pergunta Antonio Gramsci. "Porque a língua não é só um meio de comunicação. Uma língua é uma visão de mundo", responde.

Nas declarações curtas, o nome do autor pode vir no começo ou no fim da fala:

Mário Quintana ensinou: "A mentira é a verdade que enlouqueceu".

"A mentira é a verdade que enlouqueceu", ensinou Mário Quintana.

Incluir declarações no texto exige algo mais que a escolha da passagem que vem ao encontro do que afirmamos. Exige a escolha do verbo declarativo adequado. Ele tem uma função: indica o interlocutor que está com a palavra. É tão importante que, em caso de troca, pode mudar a informação. Compare:

"As denúncias são falsas", disse o acusado.

"As denúncias são falsas", insistiu o acusado.

"As denúncias são falsas", alertou o acusado.

"As denúncias são falsas", ironizou o acusado.

"As denúncias são falsas", protestou o acusado.

"As denúncias são falsas", mentiu o acusado.

Dizer – neutro, simples e direto – costuma ser escolha acertada. Mas abusar dele, como de qualquer outra palavra, torna o texto frio e monótono. Há, pelo menos, nove áreas semânticas de verbos que se prestam a identificar quem disse o quê. Eis os mais comuns, de sentido geral:

de dizer: afirmar, declarar

de perguntar: indagar, interrogar

de responder: retrucar, replicar

de contestar: negar, objetar

de concordar: assentir, anuir

de exclamar: gritar, bradar

de pedir: solicitar, rogar

de exortar: animar, aconselhar

de ordenar: mandar, determinar

Existem outros, muito explorados pela literatura. Além de indicar o falante, sugerem sentidos conotativos. Eles não são propriamente "de dizer", mas "de sentir". Gemer, suspirar, lamentar, queixar-se, explodir expressam emoção, estado de espírito, reação psicológica. Devem ser empregados no discurso direto, antepostos ou pospostos à declaração porque rejeitam a conjunção integrante: *"Estamos perdidos", gemeu Napoleão. Gemeu Napoleão: "Estamos perdidos".* Nunca se dirá *"Napoleão gemeu que estava perdido".*

Atenção, moçada. Falar não equivale a dizer, afirmar, declarar. Significa dizer palavras, expressar-se por meio de palavras: *João Marcelo fala várias línguas. Falou com o governador. Não falará sobre o assunto. O apelo da criança fala ao coração.*

Na dúvida, substitua o falar pelo dizer. Se der certo, o falar está no lugar errado. Dê vez ao dizer: *O ministro falou (disse) que o aumento do preço da gasolina se deve a fatores externos. Quem falou (disse) isso?*

LIÇÃO 22

Carícia nos ouvidos

"Só fala e escreve bem quem pensa bem."
Fialho de Almeida

Não basta ser correta. A frase tem de agradar. A quem? Aos ouvidos. Um dos segredos está na combinação de palavras e frases. Umas devem conversar com as outras sem tropeços, ecos ou repetições. O resultado precisa soar bem. É a harmonia. Cacofonias & parceiros estragam o mais lindo pensamento. Livrar-se dos indesejados? Há jeitos. Um deles: usar o metro.

A oração tem sujeito, objeto, adjuntos e toda a parafernália que você conhece. A colocação deles é a chave do estilo harmonioso. Eis a receita: o termo mais curto – com menor número de sílabas – deve vir na frente do mais longo.

Quer ver? Leia esta frase em voz alta:

No sábado, fui ao casamento do Rafael. Depois de borboletear de mesa em mesa, fui dar uma espiadinha nos presentes. Vi dois tipos. Um: esculturas. O outro: pacotes embalados com papel colorido, laços elegantes acompanhados de cartões vistosos.

Agora, esta:

No sábado, fui ao casamento do Rafael. Depois de borboletear de mesa em mesa, fui dar uma espiadinha nos presentes. Vi dois tipos. Um: pacotes embalados com papel colorido, laços elegantes acompanhados de cartões vistosos. O outro: esculturas.

Reparou? O segundo texto parece manco. Dá a impressão de que lhe falta alguma coisa. Mas não falta. Ele está gramaticalmente certinho da silva. A sensação de incomplitude tem tudo a ver com o tamanho dos termos. Na descrição de um tipo de presentes, contam-se 31 sílabas. Na do outro, quatro. Na lei da harmonia, o curto vem na frente. No segundo exemplo, vem atrás. Xô!

Leia outro período em voz alta:

A ópera O Guarani chega a Brasília com cenário e montagem modernos por R$ 100 o ingresso.

Compare:

A ópera O Guarani chega com cenário e montagem modernos a Brasília por R$ 100 o ingresso.

"A Brasília" tem 4 sílabas. "Com cenário e montagem modernos", 11. A regra: o mais curto puxa a carrocinha. Vem na frente. Nota 10 para o primeiro exemplo.

Mais um:

O presidente pediu aos deputados que votassem a PEC em regime de urgência urgentíssima.

Compare:

O presidente pediu aos deputados que votassem, em regime de urgência urgentíssima, a PEC.

Está na cara, não? A frase harmônica soa bem. Tem ritmo. Sem ecos, repetições ou cacofonias, desce redondo. A harmonia está ligada ao ouvido. Segredo dos grandes escritores, implica a habilidade de combinar palavras e frases com elegância – sem tropeços ou dissonâncias.

Há caminhos que levam à carícia da língua. Um deles está no papo: respeitar o tamanho da palavra. O termo mais curto (com menor número de sílabas) deve preceder o mais longo.

Outro aliado é o truque do três. Ninguém sabe por quê. Mas trios bajulam os ouvidos. Pai, Filho e Espírito Santo formam a Santíssima Trindade. Liberdade, igualdade e fraternidade são os lemas da Revolução Francesa. Governo do povo, para o povo, pelo povo, proclamou Abraham Lincoln. Vim, vi e venci, orgulhou-se Júlio César.

Nas enumerações, o três faz mágicas. Pense em três itens para agrupar:

Joseph Ratzinger colecionou desafetos ao combater o divórcio, o homossexualismo, o sacerdócio feminino.

O estilo deve ter três virtudes: clareza, clareza e clareza.

Vamos trabalhar com afinco, vontade e competência.

A diversidade é mais um cúmplice da harmonia. As repetições – de sons, palavras ou estruturas – transmitem a impressão de inexperiência, descuido e pobreza de vocabulário. Há jeitos de evitá-las. Uma delas: suprimir a palavra. Outra: substituí-la por sinônimo ou pronome. Mais uma: dar outro torneio à frase.

Mesmeiros são espertos. Fazem de conta que não entram no time das repetições. Mas entram. São frases e parágrafos que se iniciam com palavras ou estruturas iguais. Que sono...

O sonho de eleição tranquila para presidente do PT *chegou ao fim. A corrente Movimento* PT *ignorou os apelos da chefe da Casa Civil e lançou a deputada Maria do Rosário como candidata à presidência do partido. A disputa ainda deve ter um nome mais à esquerda, como o de Raul Pont.*

Reparou? O parágrafo tem três períodos. Todos começam com artigo definido. Melhor variar:

Chegou ao fim o sonho de eleição tranquila do presidente do PT. *A corrente Movimento* PT *ignorou os apelos da chefe da Casa Civil e lançou a deputada Maria do Rosário como candidata à presidência do partido. Um nome mais à esquerda, como de Raul Pont, deve ainda entrar na disputa.*

Abra o olho: os parágrafos no texto obedecem à mesma regra – variedade.

LIÇÃO 23

Xô, eco

"O estilo consiste em escrever como nos dá na veneta."
Sofocleto

Quando o mundo nasceu, as palavras eram delicadas. Uma não trombava na outra. Por isso, reinava a harmonia. Não havia eco. Um dia, aconteceu. Eco apareceu na Terra. A bela moça falava sem parar. A voz dela encantava os homens, que ficavam caidinhos de amor. Mas a moça não estava nem aí. Esnobava a todos.

Numa voltinha pelo shopping, Eco viu Narciso. Foi paixão à primeira vista. Mas o belo não lhe dava bola. Só olhava pra si. Ela, então, resolveu declarar a enorme paixão que nutria por ele. Fez o plano. Estudou a estratégia. Preocupou-se com os pormenores. Mas não chegou lá. Sabe por quê?

Foi castigo. Eco era muito amiga de Zeus, casado com a ciumenta Hera. Um dia, Zeus conheceu uma gatinha. Eco se encarregou de distrair Hera com belas histórias. Mas a mulher descobriu. Furiosa, puniu-a. Daquele dia em diante, a alcoviteira não falaria mais. Pobrezinha! Até hoje, a jovem não diz uma só palavra. Só repete a última sílaba das palavras dos outros. É o eco da Eco.

A história da ninfa da mitologia grega nos persegue até hoje. Depois dela, ao menor descuido, as palavras perdem a delicadeza. Rimam. É um deus-nos-acuda. A rima é qualidade da poesia, mas defeito da prosa. É o eco.

Como descobri-lo? É fácil como andar pra frente. Com atenção e paciência, você elimina todos eles. Leia seu texto em voz alta. Ocorre repetição de sons iguais ou semelhantes? Mande-a pras cucuias. Exemplos não faltam:

Houve muita provocação e confusão na reunião da diretoria.

Cruz-credo! Com tantos ãos, dá pra fazer uma feijoada. Sem eco, a frase fica assim, pra lá de agradável: Houve muita provocação e tumulto no encontro da diretoria.

O Plano Real acabou com a inflação mortal.

Nada feito. O ouvido da gente não é lixeira. Vamos ao troca-troca: O Plano Real acabou com a inflação que mata a economia do trabalhador.

O rigor do censor lhe tolhia a criatividade e lhe roubava o humor.

Pra fora, eco! Bem-vinda, harmonia: O rigor do profissional encarregado da censura lhe tolhia a criatividade e lhe roubava o humor.

Vale repetir: não basta ser correta. A frase tem de agradar aos ouvidos. Um dos segredos está na combinação de palavras e frases. Umas devem conversar com outras sem tropeços, ecos ou repetições. O resultado? Soar bem. Viva a harmonia.

LIÇÃO 24

Verbos-ônibus

"Quando você não tem nada a dizer, não diga nada."
Charles Caleb Colton

Na cidade, existem os ônibus. Eles conduzem 42 passageiros sentados e outros tantos de pé. Na língua, há palavras-ônibus. Elas se parecem com o transporte coletivo. Com montões de significados, os polivalentes servem pra tudo.

Coisa, por exemplo, é um minhocão. Assemelha-se a ônibus papa-fila. As cinco letrinhas comportam todo o dicionário. "Comprei uma coisa pra você" pode ser... qualquer coisa.

Há verbos que se encaixam em qualquer contexto. São os verbos-ônibus. É o caso de fazer, pôr, dizer, ter e ver. Genéricos e incolores, tornam a frase vaga e imprecisa. Com paciência, a gente pode se livrar deles. Quer ver?

Fazer: *Fazer uma fossa.* (Cavar uma fossa.) *Fazer a estátua de mármore.* (Esculpir a estátua de mármore.) *Fazer o trajeto de carro.* (Percorrer o trajeto de carro.) *Fazer direito.* (Cursar direito.) *Fazer artigo para o jornal.* (Redigir (ou escrever) artigo para o jornal.) *Fazer discursos.* (Proferir discursos.)

Pôr: *Pôr uma palavra no parágrafo.* (Acrescentar uma palavra no parágrafo.) *Pôr a sonda na ferida.* (Introduzir a sonda na ferida.) *Pôr o futuro do subjuntivo na frase.* (Empregar o futuro do subjuntivo na frase.) *Pôr a roupa no armário.* (Guardar a roupa no armário.) *Pôr dinheiro no banco.* (Depositar dinheiro no banco.)

Dizer: *Dizer poemas.* (Declamar poemas.) *Dizer o segredo.* (Revelar o segredo.) *Dizer exemplos.* (Citar exemplos.) *Dizer a história.* (Contar a história.)

Ter: *Ter boa reputação.* (Gozar boa reputação.) *Ter o respeito dos subordinados.* (Conquistar o respeito dos subordinados.) *Ter dor de cabeça.* (Sentir dor de cabeça.) *Ter 10 metros.* (Medir 10 metros.) *Ter 50 quilos.* (Pesar 50 quilos.)

Ver: *Ver a beleza do quadro.* (Admirar a beleza do quadro.) *Ver os menores detalhes.* (Observar os menores detalhes.) *Ver pela fechadura.* (Espiar pela fechadura.)

Reparou? A precisão do verbo dá clareza à ideia. Vale a pena persegui-la. Empregar a palavra certa para o contexto é exercício difícil. Dá trabalho. Exige atenção, cuidado, paciência. E pesquisa. Consultar o dicionário ajuda. E como!

LIÇÃO 25

Companhias amigas e inimigas

"Escreva, escreva, escreva até os dedos quebrarem."
Tchecov

Substantivo e verbo são a roupa e o sapato da frase. As demais classes gramaticais, os acessórios. Adjetivos, advérbios, pronomes, artigos indefinidos & cia. devem ser usados com o pão-durismo do Tio Patinhas. "Nos grandes mestres", ensinou Monteiro Lobato, "o adjetivo é escasso e sóbrio – vai abundando progressivamente à medida que descemos a escala de valores".

O adjetivo dá vida, ou mata. Para animar, deve revelar virtudes capazes de especificar melhor o substantivo e restrin-gir-lhe a abrangência. Em bom português: precisa acrescentar precisão e economia à frase. Nunca enfeitar o enunciado.

Observe:

Os alunos tiram boas notas.

A frase diz que todos os alunos tiram boas notas. Não é isso? O adjetivo se encarrega de restringir o substantivo:

Os alunos estudiosos tiram boas notas.

Adjetivos bem-vindos particularizam o nome. Dão validade à informação. Observe: Comprei uma mesa redonda. Gostamos de paredes brancas. João Marcelo tem cabelos loiros. Dois atletas canadenses se destacaram nos Jogos Pan-Americanos.

Por que redonda, brancas, loiro e canadenses mereceram banda de música e tapete vermelho? Porque prestam um senhor serviço à frase. Tornam o nome mais particular. Eu não comprei qualquer mesa, mas a mesa redonda. Não é de qualquer cor de parede que nós gostamos, mas da branca.

Mais: o cabelo do João Marcelo poderia ser preto, castanho, ruivo, vermelho, verde. O adjetivo loiro manda as especulações pras cucuias. Os atletas poderiam ser brasileiros, cubanos, chilenos ou argentinos. Canadenses elimina as demais possibilidades.

Há adjetivos que causam urticária ao substantivo. São os adjetivos-ônibus. Vazios e sem graça, não acrescentam nenhuma informação ao nome. Ao contrário. Exprimem a opinião de quem escreve. São tão genéricos que podem se juntar a qualquer substantivo.

É o caso de maravilhoso. João pode ser maravilhoso. A casa pode ser maravilhosa. O professor pode ser maravilhoso. A noite pode ser maravilhosa. Tudo pode ser maravilhoso. Conclusão: maravilhoso não diz nada.

Outros exemplos de indesejados? Ei-los: Clima excepcional. Pessoa formidável. Lição fantástica. Vestido bonito.

Os adjetivos nada informam sobre o objeto. O que é clima excepcional? Quente? Frio? Chuvoso? Nublado? Depende do gosto do freguês. E pessoa formidável? E lição fantástica? Vestido bonito? Sei lá.

Certos adjetivos associados a determinados substantivos formam chavões pela insistência do uso: ascensão meteórica, lucros fabulosos, inflação galopante, congestionamento monstruoso, prejuízos incalculáveis, vitória esmagadora.

É fácil promover o divórcio. Basta esquecer o adjetivo e especificar o substantivo: ascensão meteórica (passou de office boy a diretor em dois anos), lucros fabulosos (lucros de R$ 1 bilhão em dois meses), inflação galopante (inflação de 80% ao mês), congestionamento monstruoso (congestionamento de 200km), vitória esmagadora (80% dos votos válidos).

Por falar em adjetivo, vale lembrar o advérbio. O advérbio é o adjetivo do verbo. Use-o com cautela. Seja sovina com as locuções adverbiais que funcionam como muleta. É o caso de *em verdade, de fato, em definitivo*. Sobretudo, não sobrecarregue a frase. O substantivo e o verbo é que falam e dizem:

(Como todos sabem), o redator profissional deve escrever (literalmente) de olho no leitor.

Dica: com os adjetivos e advérbios, seja econômico como os mineiros. Os moradores das Alterosas dão o seguinte conselho aos filhos:

– Não saia. Se sair, não gaste. Se gastar, não pague. Se pagar, pague só a sua.

Vale a adaptação:

– Não use adjetivo e advérbio. Se usar, use só os que particularizam o substantivo ou o verbo.

LIÇÃO 26

Os indesejados

"A era das belas frases acabou."
Theodor Fontane

A língua se parece com as pessoas. É vaidosa que só. Adora ser enxutinha e ter tudo no lugar. Gordurinhas aqui e ali? Nem pensar. Bisturi nelas. Vale visitar o cirurgião plástico. Ele manda os excessos bater em retirada.

Um dos indesejados é o artigo indefinido. *Um, uma, uns, umas* devem ser usados com cuidado. Sabe por quê? Eles são inimigos do substantivo. Tiram-lhe a força. Tornam-no vago, impreciso, desmaiado.

Ora, como as palavras mais importantes do texto são o substantivo e o verbo, não se pode maltratar uma delas. Manda o bom senso passar a faca no inimigo. Xô! O resultado? Examine as frases:

O Ministério da Justiça aguarda (uma) verba suplementar para saldar a dívida.

No cursinho, fiz (umas) redações sobre o movimento dos sem-terra.

Na avaliação do governo, a greve dos bancários não terá fôlego para prosseguir por (um) longo período.

O governo vai enviar (uma) tropa de choque às audiências públicas de discussão da proposta de emenda à Constituição.

Viu? O artigo sobra. Em 99% das frases, o danado não tem vez. Faça o teste. Pegue uma redação sua. Assinale os artigos indefinidos. Depois, corte-os. Sem o indesejado, a frase fica mais enxuta. Beleza pura.

Ser claro é obrigação de quem escreve. O artigo definido se presta a confusão de significados. Dobre a atenção ao usá-lo. Ao dizer "os metalúrgicos aderiram à greve", englobam-se todos os metalúrgicos. Se não são todos, dispensa-se o artigo: "metalúrgicos aderiram à greve".

Abra o olho com o pronome todos. Com o artigo, ele se torna redundante: *Na primeira reunião com todos os secretários, Barack Obama pediu empenho para que o país supere a crise financeira com menos dor.*

Reparou? O *todos* sobra. A presença do artigo informa que são todos: *Na primeira reunião com os secretários...*

LIÇÃO 27

Seu? De quem?

"Gramática é um mal necessário."
Carlos Heitor Cony

A frase tem três virtudes. A primeira: clareza. A segunda: clareza. A terceira: clareza. Montaigne deu essa lição há 400 anos. Até hoje as coisas não mudaram. A clareza ainda é a maior qualidade do texto. Por isso, quem escreve para ser entendido não poupa esforços para chegar lá.

Há truques que facilitam a tarefa. Um deles: livrar-se do pronome possessivo de terceira pessoa. *Seu* e *sua* parecem inofensivos. Mas causam estragos. Um deles: tornam o enunciado ambíguo. Outro: sobram.

Quer ver? Examine esta passagem:

Rafaela encontrou Marcelo na hora do recreio. No bate-papo entre um cafezinho e outro, ela ensinou ao colega os recursos do seu celular.

De que celular? De Rafaela? De Marcelo? Pode ser de uma ou de outro. O *seu* provocou a confusão. Xô!

Rafaela encontrou Marcelo na hora do recreio. No bate-papo entre um cafezinho e outro, ela ensinou ao colega os recursos do celular.

Rafaela encontrou Marcelo na hora do recreio. No bate-papo entre um cafezinho e outro, ela ensinou ao colega os recursos do celular dela.

Rafaela encontrou Marcelo na hora do recreio. No bate-papo entre um cafezinho e outro, ela ensinou ao colega os recursos do celular dele.

Examine outro caso:

No seu pronunciamento em Washington, Obama pregou a união dos americanos.

Reparou? O *seu* não causa ambiguidade. Mas sobra. Pau nele:

No pronunciamento em Washington, Obama pregou a união dos americanos.

Mais um caso:

No acidente, quebrou a sua perna direita, fraturou os seus dedos da mão esquerda, arranhou o seu rosto.

Cruz-credo! Rua! Antes das partes do corpo, o possessivo não tem vez. Sem ele, a frase respira aliviada:

No acidente, quebrou a perna direita, fraturou os dedos da mão esquerda, arranhou o rosto.

Você tem uma redação pertinho de você? Leia-a com cuidado. Circule os pronomes seu e sua. Agora, leia o texto sem os indesejados. Viu? Os loucos por confusão não fazem falta. Você pode muito bem viver sem eles.

LIÇÃO 28

O mal-amado

"A língua é minha pátria."
Caetano Veloso

Ele só tem uma sílaba. Mas causa estragos. Como pertence a muitas classes, aparece demais. Entra, por isso, no time das repetições. Torna a frase pesadona, monótona, pouco atraente. Diante do abuso, o leitor, dono e senhor do pedaço, manda o texto pras cucuias.

Quem é o mal-amado? Ninguém menos que o quê. Ele dá a impressão de inexperiência, descuido e pobreza de vocabulário. Por isso, professores o perseguem. Alunos fogem dele como o gato do cão. Escritores lhe passam a faca sem piedade. E você? Sabe como livrar-se do indesejado? Há formas de mandá-lo pras cucuias:

1. Troque a oração adjetiva por adjetivo ou substantivo
   a. animal que se alimenta de carne: animal carnívoro
   b. pessoa que planta café: cafeicultor

c. criança que não tem educação: criança mal-educada

d. homem que não sabe ler nem escrever: analfabeto

e. trabalho que não tem fim: trabalho infindável

f. secretária que se dedica ao trabalho: secretária dedicada

2. Mude a oração adjetiva por aposto

a. Brasília, que é a capital do Brasil, completará 50 anos logo, logo.

   Brasília, a capital do Brasil, completará 50 anos logo, logo.

b. José Sarney, que foi eleito senador pelo Amapá, nasceu no Maranhão.

   José Sarney, eleito senador pelo Amapá, nasceu no Maranhão.

c. Lula, que foi metalúrgico, conseguiu chegar à Presidência da República.

   Lula, ex-metalúrgico, conseguiu chegar à Presidência da República.

3. Substitua a oração pelo termo nominal correspondente

a. A comunidade exige que o criminoso seja punido.
   A comunidade exige a punição do criminoso.

b. Ninguém duvidava de que o plano tivesse êxito.
   Ninguém duvidava do êxito do plano.

c. Alguém imaginava que os Estados Unidos elegeriam um presidente negro?
   Alguém imaginava a eleição de um negro para a Presidência dos Estados Unidos?

4. Reduza orações
   a. Agora que expliquei o título, passo a escrever o livro.
      Explicado o título, passo a escrever o livro.
   b. Depois que redigir o texto, pensarei na legenda.
      Redigido o texto, pensarei na legenda.
   c. Logo que acabar a leitura, farei o resumo.
      Acabada a leitura, farei o resumo.

5. Transforme o discurso indireto em discurso direto

   Lula disse que acabará com a pobreza no Brasil.

   Lula disse:
   – Acabarei com a pobreza no Brasil.
   "Acabarei com a pobreza no Brasil", disse Lula.

É isso. A língua oferece mil jeitos de dar o mesmo recado. Para recorrer a eles, duas condições se impõem. Uma: conhecê-los. A outra: deixar a preguiça pra lá, arregaçar as mangas e mergulhar no trabalho.

LIÇÃO 29

Dizer o que é sem tirar nem pôr

"Um autor só é autor no momento em que escreve.
Depois, passa a ser um leitor a mais da própria obra."
Autran Dourado

O que é isso? O que é aquilo? O que é aqueloutro? Crianças não se cansam de perguntar. A gente responde o que pode. Muitas vezes não dá conta. Diz, então, qualquer coisa. Meninos e meninas, que não têm tempo a perder, fingem que acreditam. Dão meia-volta e partem pra outra.

Na vida profissional a história não é tão fácil. Há momentos em que temos de definir. Precisamos de engenho, arte e, sobretudo, técnica pra dizer o que é que queremos dar a entender quando empregamos uma palavra ou nos referimos a um objeto ou ser. O desafio: o definido só pode ser o definido – sem possibilidade de confundir-se com outro.

Como chegar lá? A definição não é filha de chocadeira. Tem berço, trajetória e estrutura composta de quatro elementos. É importante respeitá-los e dispô-los como manda a lógica:

101

a. termo – o ser que será definido
b. cópula – o verbo ser
c. gênero – a classe (ou ordem) de coisas a que pertence o termo
d. diferenças – tudo o que diferencia o termo definido de outros da mesma classe

Examine os exemplos:
Homem é um animal racional.

O termo é homem. A cópula, é. O gênero, animal. A diferença, racional.

Substantivo é a classe de palavras que dá nome aos seres.

O termo é substantivo. A cópula, é. O gênero, classe de palavras. A diferença, que dá nome aos seres.

Quadrado é um quadrilátero de ângulos retos e lados iguais.

O termo é quadrado. A cópula, é. O gênero, quadrilátero. A diferença, de ângulos retos e lados iguais.

Falar é exprimir-se por meio de palavras.

O termo é falar. A cópula, é. O gênero, exprimir-se. A diferença, por meio de palavras.

Olho vivo. Às vezes o enunciado tem cara de definição, mas definição não é. Se você pergunta a uma criança o que é chuva, é bem provável que ela responda "chuva é quando chove". Será? Quando chove há chuva. Mas chuva, segundo o Aurélio, "é a precipitação atmosférica formada de gotas de água cujas dimensões variam entre 1mm e 3mm, por efeito da condensação do vapor de água contido na atmosfera".

A definição tem exigências das quais não abre mão. Como saber se elas foram atendidas? Há jeitos. Ela deve:

1. ser breve – formada de uma só frase.
2. ser expressa em linguagem simples, familiar ao leitor ou ouvinte.
3. ser afirmativa (dizer o que é, não o que não é). Não há definição quando se diz que "homem não é cachorro".
4. ser recíproca pra ser completa e satisfatória. O "homem é um ser vivo" não é definição porque nem todo ser vivo é homem. Peixe é ser vivo, mas não é homem.
5. O termo deve pertencer ao gênero. Homem é animal, não vegetal ou coisa. Quadrado é quadrilátero, não móvel ou ferramenta. Substantivo é classe de palavra, não carro ou dicionário.
6. O gênero tem requisitos. Deve ser suficientemente amplo pra compreender a espécie definida e suficientemente restrito pra que as características do termo definido sejam entendidas sem confusão de espécies. Dizer que homem é "ser vivo"? Ops! O gênero é pra lá de amplo porque inclui milhões de criaturas que nada têm a ver com o homem. Dizer que o homem é "animal que vive na cidade" é demasiadamente restrito, porque exclui outros homens.
7. A estrutura gramatical é rígida: o termo e o gênero têm de pertencer à mesma classe de palavras : homem (substantivo) é animal (substantivo). Falar (verbo) é exprimir-se (verbo). Quando a gurizada diz que chover é "quando chove", "quando chove" não é verbo como chover. É oração. Não vale.
8. Não se pode usar no gênero o termo que se está definindo. Dizer que homem é homem, gato é gato, móvel é móvel ninguém discute. Mas não é definição.

LIÇÃO 30

Lé com lé, cré com cré

"Lutar com palavras é a luta mais vã."
Carlos Drummond de Andrade

O corpo fala. E dá lições. Uma delas: as partes que exercem função igual têm estrutura igual. No rosto, temos dois olhos, dois ouvidos, duas narinas. Um par exerce o mesmo papel que o outro. Os olhos veem. Os ouvidos ouvem. As narinas cheiram.

Por exercerem a mesma função, o casalzinho tem a mesma forma. Um olho é do tamanho e da cor do outro. Um ouvido é do tamanho e formato do outro. Uma narina tem a cara e o focinho da outra.

No resto do corpo, a história se repete. Temos duas mãos, dois braços, dois pés e duas pernas. Um e outro exercem a mesma função. As mãos seguram. Os braços abraçam. Os pés pisam. As pernas andam. Por isso, têm a mesma forma. Um braço é gêmeo univitelino do outro. Braços, pés, pernas e dedos também.

A língua é boa aluna. Sabida, aprende a lição do corpo rapidinho. Termos e orações com funções iguais ganham estruturas iguais. Por exemplo: se o verbo pede dois objetos diretos, há dois caminhos. Um deles é dar-lhes a forma de nome. Outra, de oração.

Veja:

Lula negou interesse no terceiro mandato e que o governo esteja sem rumo.

Negar é transitivo direto. Pede objeto direto. No caso, são dois objetos. Um: o interesse no terceiro mandato. O outro: que o governo esteja sem rumo.

Reparou? Houve desrespeito à lei do paralelismo. Os dois – interesse no terceiro mandato e que o governo esteja sem rumo – são objetos diretos do mesmo verbo (negar). Mas têm estruturas diferentes. Um é nominal. O outro, oracional.

Em suma: misturaram-se alhos com bugalhos. Para corrigir o aleijão, só há uma saída – dar a mesma estrutura aos dois objetos:

Estrutura nominal: O presidente negou interesse no terceiro mandato e falta de rumo no governo.

Estrutura oracional: O presidente negou que tivesse interesse no terceiro mandato e que o governo estivesse sem rumo.

Para algo estar paralelo, uma condição se impõe. É necessário que haja mais de um. A W3 é paralela à W2, W1, W4 e W5. A L2 é paralela à L1, L2, L3, L4 e L5. A pista do Eixão que vai em direção ao aeroporto é paralela à que vem em direção à rodoviária. Um trilho do trem é paralelo a outro.

Na língua, os termos paralelos também exigem mais de um – mais de um sujeito, mais de um objeto, mais de um adjunto, mais de uma oração:

a. **Paulo e Luís** *estudam na universidade.*
b. *Gosto de* **cinema**, **teatro** *e* **televisão**.
c. *Os trabalhadores precisam* **assegurar o poder de compra dos salários** *e* **manter a garantia do emprego**.

Reparou? Os termos paralelos vêm separados. Para isolar um do outro, há duas saídas. Uma: recorrer à vírgula. A outra: pedir ajuda à conjunção coordenativa.

É aí que a porca torce o rabo. Muitas vezes o *e* aparece antes do *que*. O quezinho pode ser conjunção ou pronome relativo. Num caso e noutro, impõe uma condição. O *e que* só terá vez se aparecer o primeiro *que*, claro ou subentendido. Se aparecer um *e que* solitário, tenha certeza. O paralelismo foi desrespeitado.

Veja um exemplo:

As pesquisas revelam grande número de indecisos e que pode haver segundo turno nas eleições americanas.

Cadê o primeiro *que*? O gato comeu. Sem ele, nada feito. O segundo não tem vez. E daí? Há dois jeitos de corrigir o aleijão.

Um: mandar o *e que* pras cucuias:

As pesquisas revelam grande número de indecisos e a possibilidade de segundo turno nas eleições americanas.

O outro: convidar o primeiro *que* a figurar na frase:

As pesquisas revelam que há grande número de indecisos e que pode haver segundo turno nas eleições americanas.

Eis outro exemplo:

Os trabalhadores precisam assegurar o poder de compra dos salários e que seja mantida a garantia de emprego.

Juntando lé com lé, cré com cré, temos:

Os trabalhadores precisam assegurar o poder de compra dos salários e manter a garantia de emprego.

Os trabalhadores precisam assegurar que o poder de compra dos salários seja mantido e que seja garantido o emprego.

Mais um:

O acusado negou seu interesse no programa e que o telefonema do traficante tivesse alguma relação com a CPI.

Pondo os pontos nos ii, temos:

O acusado negou interesse no programa e a relação do telefonema do traficante com a CPI.

O acusado negou que tivesse interesse no programa e que o telefonema do traficante tivesse alguma relação com a CPI.

Em suma: o *e que* é como Cosme e Damião. Anda sempre acompanhado. De quem? De outro *que.*

LIÇÃO 31

Casaizinhos fiéis

"Prefiro perder um bom amigo a perder um dito."
Quintiliano

Há mais paralelismos na língua do que imagina nossa vã filosofia. Eles têm íntima relação com a coordenação. Em outras palavras: os termos paralelos exigem mais de um: mais de um sujeito, mais de um objeto, mais de um adjunto, mais de uma oração. Veja:

Paulo e Luís estudam na Universidade de São Paulo.

Gosto de cinema, teatro e televisão.

Os professores precisam ensinar e manter a disciplina.

Às vezes, os termos paralelos aparecem em forma de casaizinhos. São os pares da língua. Eles são tão unidos que o que acontece com um acontece com o outro.

Trocando em miúdos: se um dos parceiros se apresenta sem artigo, o outro segue o mesmo caminho. Se, ao contrário, se exibe devidamente acompanhado, o outro vai atrás.

108

Difícil? O exemplo deixa clara a fidelidade entre os membros de expressões escritas aos pares. Examine:

*Estudo **de** segunda **a** sexta-feira.*

A preposição *de* é pura. Não vem acompanhada de artigo. O parzinho dela não pode ser diferente. A preposição *a* também é pura. Artigo não tem vez com ela.

Compare:

*Trabalho **das** 8h **às** 22h.*

Viu? O primeiro par é *das*. As três letrinhas são a combinação da preposição *de* com o artigo *as*. O primeiro par é casado? O segundo também. *Às* é contração da preposição *a* com o artigo *a*.

Mais exemplos? Ei-los:

*Li o livro **da** página 5 **à** página 18.*
*Viajei **da** França **à** Alemanha de trem.*
*Fui de avião **de** Miami **a** Madri.*
*Corri **da** avenida **à** parada do ônibus.*

LIÇÃO 32

Cruzamentos sintáticos

"Humorismo é a arte de fazer cócegas no raciocínio dos outros."
Leon Eliachar

Imagine a cena. Paulo tem na mão meio copo de Coca-Cola. Luís tem meio copo de guaraná. Eles resolvem fazer uma combinação. Misturam a Coca com o guaraná. Dá uma bebida estranha. Ninguém sabe o que é. A única certeza é esta: a bebida não é Coca-Cola. Nem guaraná.

Na língua também ocorrem misturas heterodoxas. São os cruzamentos. Distraídos, nós pegamos parte de uma estrutura. Juntamo-la com parte de outra. O resultado é um casamento muito estranho. Parece filhote de jacaré com tartaruga. Já imaginou?

Vale um exemplo. O português tem as locuções *à medida que* e *na medida em que*. Cada uma tem seu significado:

À medida que = à proporção que

Minha pronúncia melhora à medida que pratico a língua.

À medida que o vírus se alastra, aumenta o número de gente gripada.

A redação melhora à medida que escrevemos mais e muito.

Na medida em que = porque, tendo em vista

A mortalidade infantil continua alta na medida em que não se resolveu o problema do saneamento básico.

Aumentaram os casos de desidratação na medida em que a umidade relativa do ar chegou a níveis críticos.

Atenção, muita atenção. Volta e meia, a gente vê a locução "à medida em que". Esse mostrengo equivale à mistura do guaraná com a Coca-Cola. Ou ao filhote de jacaré com tartaruga. A criatura não tem vez na língua. Fuuuuuuuuuuuuuuuja dela.

Outras construções são louquinhas por cruzamentos. Ao menor descuido, lá vamos nós. Juntamos Germanos com gêneros humanos. Ou lé com cré. E o sapato perde o pé. Com elas, todo o cuidado é pouco.

Ei-las:

seja... seja: Seja no inverno, seja no verão, Maria está sempre bem agasalhada.

ou... ou: (ou) No inverno ou no verão, Maria toma sorvete todos os dias.

quer... quer: Quer no inverno, quer no verão, Paulo usa terno e gravata.

de... a: Estudo inglês de segunda a quinta-feira.

das... às: Trabalho das 14 às 19 horas.

não... mas: Não moro em São Paulo, mas no Rio.

Reparou? As expressões vêm sempre aos pares. O casalzinho é inseparável. Mas há gente que teima em levá-lo ao adultério. Eis o resultado:

Seja no inverno ou no verão, Maria está sempre bem agasalhada.

Quer no inverno ou no verão, Paulo usa terno e gravata.

Estudo inglês de segunda à quinta.

Trabalho de 14 às 19 horas.

Xô, união pornô!

Você é do time dos cruzamentos? Cuidado! O castigo talvez tarde, mas não falta. Pecador, você perde pontinhos na prova e na vida. Olho vivo.

LIÇÃO 33

Enumeração paralela

"Uma citação na hora certa é como comida para quem tem fome."
Talmude

Não só os termos da oração exigem respeito ao paralelismo. As enumerações seguem a mesma lei. Até Deus sabe disso. Dentre os Dez Mandamentos, Ele ordena:

1. Amar a Deus sobre todas as coisas;
2. Não tomar Seu santo nome em vão;
3. Honrar pai e mãe;
4. Não matar;
5. Não pecar contra a castidade;
6. Não desejar a mulher do próximo.

Viu? Os mandamentos começam com verbo no infinitivo. Há outras formas de dar o mesmo recado. Uma delas é conjugar o verbo. No caso, todos os mandamentos vão para o imperativo:

1. Ame a Deus sobre todas as coisas;
2. Não tome Seu santo nome em vão;
3. Honre pai e mãe;
4. Não mate;
5. Não peque contra a castidade;
6. Não deseje a mulher do próximo.

Peca-se contra o paralelismo quando se misturam alhos com bugalhos. É o caso de mesclar o infinitivo com o imperativo:

1. Ame a Deus sobre todas as coisas;
2. Não tomar seu santo nome em vão;
3. Honrar pai e mãe;
4. Não matar;
5. Não pecar contra a castidade;
6. Não deseje a mulher do próximo.

Também se peca contra o paralelismo quando se mistura verbo com substantivo:

1. Amor a Deus sobre todas as coisas;
2. Não tomar seu santo nome em vão;
3. Honra ao pai e à mãe;
4. Não mate;
5. Não peque contra a castidade;
6. Não deseje a mulher do próximo.

Virgem Maria! É a receita do cruz-credo. O autor criou o samba da confusão. Nada feito. Dê às ordens a mesma forma. Há várias. Uma: o infinitivo. Outra: o imperativo. A última: o substantivo. Misturar é proibido.

LIÇÃO 34
Os fora de moda

"Nas palavras e nas modas, observe a mesma regra:
sendo novas ou antigas demais, são igualmente grotescas."
Pope

Imagine a cena. Dia após dia, semana após semana, mês após mês, ano após ano, você encontra a pessoa com a mesma roupa, o mesmo sapato, o mesmo corte de cabelo, o mesmo sorriso, a mesma conversa. É a mesmeira.

Ser sempre igual não é privilégio do reino dos homens. No reino das palavras também existem os mesmeiros. Chamam-se chavões. Ou clichês. Ou lugares-comuns. De tanto ser repetidos, perdem a força original. Criaturas altamente previsíveis, dão a impressão de roupa batida, pra lá de manjada.

Como surgem esses seres? Ninguém sabe ao certo. Aparecem inicialmente como grande novidade. A televisão os divulga, o rádio os propaga, os jornais os difundem. Resultado: ganham a boca do povo. Viram moda. Depois passam.

Mas alguns fazem como a Carolina do Chico Buarque: "O tempo passou na janela / só Carolina não viu". Acomodados, nem se dão conta de que a onda mudou. Têm preguiça de descartar a antiga. E continuam a repeti-la.

Os chavões detestam andar sozinhos. Às vezes o substantivo se junta ao adjetivo e forma dupla. São exemplos dos casaizinhos: calor escaldante, crítica construtiva, esposa dedicada, filho exemplar, inflação galopante, obra faraônica, perda irreparável, silêncio sepulcral, singela homenagem, sol escaldante, vaias estrepitosas, precioso líquido (água), astro-rei (sol), soldado do fogo (bombeiro), profissional do volante, mestre Aurélio.

Outras vezes, os clichês vão além. Formam frases ou locuções: inserido no contexto, abrir com chave de ouro, dar o pontapé inicial, acertar os ponteiros, ao apagar das luzes, cair como uma bomba, depois de longo e tenebroso inverno, dizer cobras e lagartos, desbaratar a quadrilha, do Oiapoque ao Chuí, fugir da raia, hora da verdade, morrer de amores, passar em brancas nuvens, perder o bonde da história, pomo da discórdia, sagrar-se campeão, tábua de salvação, tiro de misericórdia, voltar à estaca zero, a mil, a mil por hora, arrebentar a boca do balão.

Ufa!

Lembre-se: o que é escrito sem esforço é lido sem prazer. Os chavões envelhecem o texto. Livre-se deles. O texto agradece. O leitor retribui.

LIÇÃO 35

Lipoaspiração no texto

*"Desculpe-me, senhora, se escrevi carta tão comprida.
Não tive tempo de fazê-la curta."*
Voltaire

Era uma vez um comerciante do mercado público de Porto Alegre. Ele vendia sardinhas, dourados, tambaquis, pirarucus e surubins. O negócio prosperava a olhos vistos.

Cheio de entusiasmo, o gaúcho resolveu inovar. Mandou afixar enorme cartaz com os dizeres "Hoje vendemos peixe fresco". Olhou de longe. Gostou do resultado. Orgulhoso, perguntou ao cliente:

— O que você acha da novidade?
— É, está boa. Mas me diga uma coisa: você vende peixe velho? Não? Então para que o fresco?

Apagado o adjetivo, ficou "Hoje vendemos peixe".

— E agora?, indagou interessado.
— Para que o hoje? Hoje é hoje.

Restou "Vendemos peixe".

– Por acaso você dá peixe? Aluga? Empresta? Não? O vendemos sobra.

No final, o vendedor tirou o cartaz. Quem chega vê o peixe. Não precisa de anúncio.

* * *

O que a história tem a ver conosco? Ela ensina uma lição. O desnecessário sobra. Ao reler o texto, a tesoura tem de estar a postos. Ela faz o papel do bisturi do cirurgião plástico. Corta os excessos. Adjetivos, advérbios, quês, artigos indefinidos, pronomes possessivos, demonstrativos e indefinidos, redundâncias & cia. ilimitada são candidatos ao sumiço.

Quer ver? O texto "Europa fechada" está doidinho por uma lipoaspiração. O original, publicado no *Correio Braziliense*, estava enxutinho que só. Nada sobrava. Por maldade, introduzimos uns penetras pra lá de indesejáveis. Seu desafio: localizá-los e dar-lhes o destino que merecem – a porta da rua. Xô!

Europa fechada

Dura, injusta e covarde. Não há adjetivos mais apropriados para classificar a lei horrorosa aprovada pela União Europeia (UE) sobre o assunto chamado imigração. Segundo o Parlamento Europeu, trata-se de uma resposta às preocupações corretas, justas e compreensíveis da população, que considera os estrangeiros legais e ilegais ameaça à sua segurança e à economia das nações ricas e autossuficentes da zona do euro. Nada menos que 8 milhões de pessoas infelizes e assustadas podem estar com a espada de Dâmocles sobre a sua cabeça.

Sob o pretexto falso de punir os que lá vivem ilegalmente, a UE quer impedir, pela força, a entrada de imigrantes nos seus 27 países que compõem o bloco. Apanhado, o pobre ilegal terá até 30 dias para voltar com urgência à terra natal. Se não partir voluntariamente, poderá ser preso sem uma ordem judicial e ficar retido por até um ano e meio. Uma vez deportado, durante cinco anos estará definitivamente impedido de desembarcar em uns portos e aeroportos europeus.

Em suma: de tão restritivo, o retorno voluntário é traiçoeiro. Mascara, sem cerimônia, de voluntário o que, de fato, é forçado. A lei trata o imigrante como um criminoso. Paulo Casaca, um eurodeputado do Partido Socialista português, disse que essa medida, além de absolutamente inaceitável, é injustificada. A partir de agora, um bandido merecerá, sem dúvida, tratamento melhor que um suposto imigrante ilegal.

Além de ir de encontro aos generosos ideais da globalização, que tem entre os princípios basilares indiscutíveis a livre circulação de pessoas, os europeus hipócritas fecham os seus olhos ao seu passado que tanto prezam. Esquecem-se de que colonizaram com violência o Terceiro Mundo, com cuja riqueza sem fim acumularam a abundância de que hoje usufruem. Esquecem-se, também, de que a mão de obra das nações periféricas reconstruiu aquele continente destruído por duas sangrentas guerras mundiais.

Mais: esquecem-se de que, num continente de população envelhecida e baixa natalidade, são os imigrantes laboriosos que trabalham e financiam a sua deficitária e generosa máquina de aposentadoria e previdência da UE. *Esquecem-se de que criaram uns laços tão íntimos com os colonizados que os hispânicos chamam a Espanha de "mãe da pátria", e os brasileiros se referem a Portugal como "meu avozinho".*

Esquecem-se, por fim, de que uns infelizes homens e mulheres hoje enxotados são filhos de países que receberam, de braços abertos, milhões de europeus pobres no século 19. Italianos, alemães, irlandeses, portugueses, franceses fugiram da fome e desembarcaram na América em busca de uma vida melhor. Aqui trabalharam duramente, refizeram a família desfeita e se integraram a uma nova pátria.

Outra não é a razão por que uns latino-americanos, africanos ou asiáticos procuram abençoadas terras europeias. Ninguém abandona o seu berço e os seus entes queridos por espírito aventureiro. Os retirantes pobres são pessoas sem perspectiva que querem inserir-se em uma outra cultura para ter acesso aos bens do desenvolvimento. Ali arregaçam as mangas sem preguiça e dão o melhor de si.

O Parlamento Europeu esconde, com seus eufemismos, a crueldade da medida. O estrangeiro foi escolhido como um bode expiatório do desemprego que se torna crônico naquele continente. A Europa volta à obscura Idade Média. Reconstrói, em torno de seu território, os muros que a globalização derrubou. Livra-se dos estrangeiros para ficar com os imigrantes internos dos recém-integrados membros da Europa Oriental. Joga no lixo suas páginas escritas com a tinta forte do humanismo e da tolerância. É lamentável.

E daí? Confronte a faxina que você fez com a apresentada a seguir:

Europa fechada

Dura, injusta e covarde. Não há adjetivos mais apropriados para classificar a lei **horrorosa** *aprovada pela União Europeia (*UE*) sobre* **o assunto chamado** *a imigração. Segundo o Parlamento Europeu, trata-se de* **uma** *resposta às preocupações* **corretas, justas e compreensíveis** *da população, que considera os estrangeiros* **legais e ilegais** *ameaça à* **sua** *segurança e à economia das nações* **ricas e autossuficentes** *da zona do euro. Nada menos que 8 milhões de pessoas* **infelizes e assustadas** *podem estar com a espada de Dâmocles sobre a* **sua** *cabeça.*

Sob o pretexto **falso** *de punir os que lá vivem ilegalmente, a* UE *quer impedir* **pela força** *a entrada de imigrantes nos* **seus** *27 países que compõem o bloco. Apanhado, o* **pobre** *ilegal terá até 30 dias para voltar* **com urgência** *à terra natal. Se não partir* **voluntariamente***, poderá ser preso sem* **uma** *ordem judicial e ficar retido por até um ano e meio. Uma vez deportado, durante cinco anos estará* **definitivamente** *impedido de desembarcar em* **uns** *portos e aeroportos europeus.*

Em suma: de tão restritivo, o retorno voluntário é traiçoeiro. Mascara **sem cerimônia** *de voluntário o que* **de fato** *é forçado. A lei trata o imigrante como* **um** *criminoso. Paulo Casaca,* **um** *eurodeputado do Partido Socialista português, disse que* **essa** *a medida, além de* **absolutamente** *inaceitável, é injustificada. A partir de agora,* **um** *bandido merecerá* **sem dúvida** *tratamento melhor que* **um** *suposto imigrante ilegal.*

Além de ir de encontro aos **generosos** *ideais da globalização, que tem entre os princípios* **basilares indiscutíveis** *a livre circulação de pessoas, os europeus **hipócritas** fecham os **seus** olhos ao **seu** passado que tanto prezam. Esquecem-se de que colonizaram **com violência** o Terceiro Mundo, com cuja riqueza **sem fim** acumularam a abundância de que hoje usufruem. Esquecem-se, também, de que a mão de obra das nações periféricas reconstruiu **aquele** o continente destruído por duas **sangrentas** guerras mundiais.*

*Mais: esquecem-se de que, num continente de população envelhecida e baixa natalidade, são os imigrantes **laboriosos** que trabalham e financiam a **sua** deficitária e generosa máquina de aposentadoria e previdência da UE. Esquecem-se de que criaram **uns** laços tão íntimos com os colonizados que os hispânicos chamam a Espanha de "mãe da pátria", e os brasileiros se referem a Portugal como "meu avozinho".*

*Esquecem-se, por fim, de que **uns infelizes** homens e mulheres hoje enxotados são filhos de países que receberam **de braços abertos** milhões de europeus pobres no século 19. Italianos, alemães, irlandeses, portugueses, franceses fugiram da fome e desembarcaram na América em busca de **uma** vida melhor. Aqui trabalharam **duramente**, refizeram a família **desfeita** e se integraram a **uma** nova pátria.*

*Outra não é a razão por que **uns** latino-americanos, africanos ou asiáticos procuram **abençoadas** terras europeias. Ninguém abandona o **seu** berço e os **seus** entes queridos por espírito aventureiro. Os retirantes **pobres** são pessoas sem perspectiva que querem inserir-se em **uma** outra cultura para ter acesso aos bens do desenvolvimento. Ali arregaçam as mangas **sem preguiça** e dão o melhor de si.*

*O Parlamento Europeu esconde, com **seus** eufemismos, a crueldade da medida. O estrangeiro foi escolhido como **um** bode expiatório do desemprego que se torna crônico **naquele** no continente. A Europa volta à **obscura** Idade Média. Reconstrói, em torno do **seu** território, os muros que a globalização derrubou. Livra-se dos estrangeiros para ficar com os imigrantes **internos** dos recém-integrados membros da Europa Oriental. Joga no lixo **suas** páginas escritas com a tinta **forte** do humanismo e da tolerância. É lamentável.*

Eis o original.

Europa fechada

Dura, injusta e covarde. Não há adjetivos mais apropriados para classificar a lei aprovada pela União Europeia (UE) sobre imigração. Segundo o Parlamento Europeu, trata-se de resposta às preocupações da população, que considera os estrangeiros ameaça à segurança e à economia das nações da zona do euro. Nada menos que 8 milhões de pessoas podem estar com a espada de Dâmocles sobre a cabeça.

Sob o pretexto de punir os que lá vivem ilegalmente, a UE quer impedir, pela força, a entrada de imigrantes nos 27 países que compõem o bloco. Apanhado, o ilegal terá até 30 dias para voltar à terra natal. Se não partir voluntariamente, poderá ser preso sem ordem judicial e ficar retido por até um ano e meio. Uma vez deportado, durante cinco anos estará impedido de desembarcar em portos e aeroportos europeus.

Em suma: de tão restritivo, o retorno voluntário é traiçoeiro. Mascara de voluntário o que, de fato, é forçado.

A lei trata o imigrante como criminoso. Paulo Casaca, eurodeputado do Partido Socialista português, disse que a medida, além de inaceitável, é injustificada. A partir de agora, bandido merecerá tratamento melhor que suposto imigrante ilegal.

Além de ir de encontro aos ideais da globalização, que tem entre os princípios basilares a livre circulação de pessoas, os europeus fecham os olhos ao passado que tanto prezam. Esquecem-se de que colonizaram o Terceiro Mundo, com cuja riqueza acumularam a abundância de que hoje usufruem. Esquecem-se, também, de que a mão de obra das nações periféricas reconstruiu o continente destruído por duas guerras mundiais.

Mais: esquecem-se de que, num continente de população envelhecida e baixa natalidade, são os imigrantes que trabalham e financiam a deficitária e generosa máquina de aposentadoria e previdência da UE. Esquecem-se de que criaram laços tão íntimos com os colonizados que os hispânicos chamam a Espanha de "mãe da pátria", e os brasileiros se referem a Portugal como "meu avozinho".

Esquecem-se, por fim, de que homens e mulheres hoje enxotados são filhos de países que receberam milhões de europeus pobres no século 19. Italianos, alemães, irlandeses, portugueses, franceses fugiram da fome e desembarcaram na América em busca de vida melhor. Aqui trabalharam, refizeram a família e se integraram à nova pátria.

Outra não é a razão por que latino-americanos, africanos ou asiáticos procuram terras europeias. Ninguém aban-

dona o berço e os entes queridos por espírito aventureiro. Os retirantes são pessoas sem perspectiva que querem inserir-se em outra cultura para ter acesso aos bens do desenvolvimento. Ali arregaçam as mangas e dão o melhor de si.

O Parlamento Europeu esconde, com eufemismos, a crueldade da medida. O estrangeiro foi escolhido como bode expiatório do desemprego que se torna crônico no continente. A Europa volta à Idade Média. Reconstrói, em torno de seu território, os muros que a globalização derrubou. Livra-se dos estrangeiros para ficar com os imigrantes internos dos recém-integrados membros da Europa Oriental. Joga no lixo páginas escritas com a tinta do humanismo e da tolerância. É lamentável.

Conclusão: o estágio com Ivo Pitangui foi pra lá de proveitoso. Vá em frente.

Resultado

Oba! O mercado tem novo autor – você.

TERCEIRA PARTE

Exercícios

Os exercícios a seguir reforçam os temas tratados nas lições. Como muitos são produções de textos, não se prenda às respostas. Elas indicam caminho, dão uma das muitas possibilidades. Compare-as com seus textos e use-as como base para revisão.

LIÇÃO 1

Mandar recados

1. Lembre-se dos últimos recados que deu a parentes, amigos, colegas de trabalho. Pode ser o atraso pelo pneu furado, a ausência na festa por causa da gripe, a demora para chegar à reunião por causa do congestionamento. Recados como esses certamente fazem parte do seu dia a dia.

Examine os temas. Escreva um parágrafo com cada um. Será o seu recado. O começo foi dado de mão beijada:

a. Explicação para a turma pela ausência na festa do próximo sábado.
Infelizmente, não vou à nossa festinha de sábado porque
....

b. Pedido ao pai para aumento da mesada.
Papai, preciso de aumento da mesada porque ....

c. Explicação para a namorada pelo recado que uma garota deixou no seu Orkut.
Meu amor, não é o que você está pensando. Eu nem conheço essa garota. ....

d. Lembrete para o zelador não entregar seu jornal nos próximos dias.

Como vou estar fora nos próximos cinco dias, peço que

....

2. Pense nas últimas notícias que leu no jornal, ouviu no rádio, soube pela TV. Conte três delas. Uma em cada parágrafo. Varie os assuntos para usar diferentes palavras-chave. Para dar uma ajudinha, eis relação de vocábulos para fechar o cerco. Recorra a ela se quiser:

a. Um acidente
Palavras-chave: carro, ônibus, moto, velocidade, polícia, feridos, mortos.

b. Um show
Palavras-chave: cantor, repertório, músicas, palco, apresentação, disco, piano.

c. Escândalo político
Palavras-chave: desvio, verba, grampo, flagrante, prisão, denúncia, juiz.

3. A canção *Eduardo e Mônica*, de Renato Russo, conta o romance de um casal. Analise-a e relate, em dois parágrafos, como Eduardo e Mônica se conheceram e vivem hoje:

Eduardo abriu os olhos, mas não quis se levantar/ Ficou deitado e viu que horas eram/ Enquanto Mônica tomava um conhaque/ No outro canto da cidade, como eles disseram...

Eduardo e Mônica um dia se encontraram sem querer/ E conversaram muito mesmo pra tentar se conhecer.../ Um carinha do cursinho do Eduardo que disse:/ "Tem uma festa legal, e a gente quer se divertir"

Festa estranha, com gente esquisita/ "Eu não 'tô' legal,
não aguento mais birita"/ E a Mônica riu, e quis saber
um pouco mais/ Sobre o boyzinho que tentava impres-
sionar/ E o Eduardo, meio tonto, só pensava em ir pra
casa/ "É quase duas, eu vou me ferrar..."
Eduardo e Mônica trocaram telefone/ Depois telefona-
ram e decidiram se encontrar/ O Eduardo sugeriu uma
lanchonete,/ Mas a Mônica queria ver o filme do Godard
Se encontraram então no Parque da Cidade/ A Mônica
de moto e o Eduardo de camelo/ O Eduardo achou
estranho, e melhor não comentar,/ Mas a menina tinha
tinta no cabelo
Eduardo e Mônica eram nada parecidos/ Ela era
de leão e ele tinha dezesseis/ Ela fazia medicina e
falava alemão/ E ele ainda nas aulinhas de inglês
Ela gostava do Bandeira e do Bauhaus/ De Van Gogh
e dos Mutantes, de Caetano e de Rimbaud/ E o Eduardo gostava de novela/ E jogava futebol de botão com
seu avô
Ela falava coisas sobre o Planalto Central/ Também magia e meditação/ E o Eduardo ainda tava
no esquema "escola, cinema, clube, televisão"...
E mesmo com tudo diferente, veio mesmo, de repente/
Uma vontade de se ver/ E os dois se encontravam todo
dia/ E a vontade crescia, como tinha de ser...
Eduardo e Mônica fizeram natação, fotografia/ Teatro, artesanato e foram viajar/ A Mônica explicava pro
Eduardo/ Coisas sobre o céu, a terra, a água e o ar...
Ele aprendeu a beber, deixou o cabelo crescer/ E de-
cidiu trabalhar/ E ela se formou no mesmo mês/ Que
ele passou no vestibular

E os dois comemoraram juntos/ E também brigaram
juntos, muitas vezes depois/ E todo mundo diz que ele
completa ela/ E vice-versa, que nem feijão com arroz
Construíram uma casa uns dois anos atrás/ Mais ou
menos quando os gêmeos vieram/ Batalharam grana,
seguraram legal/ A barra mais pesada que tiveram
Eduardo e Mônica voltaram pra Brasília/ E a nossa amizade dá saudade no verão/ Só que nessas férias, não vão
viajar/ Porque o filhinho do Eduardo tá de recuperação.

LIÇÃO 2

Encontrar o caminho

1. Qual o tópico mais adequado ao tema?

   Tema: guerra no Iraque
   a. ( ) Por que os Estados Unidos atacaram o Iraque?
   b. ( ) O Iraque de hoje é a Mesopotâmia de ontem.

   Tema: obesidade das crianças
   a. ( ) Má alimentação e sedentarismo atacam desde
      a infância.
   b. ( ) Antigas brincadeiras deram lugar ao videogame.

   Tema: trabalhos copiados de sites da internet
   a. ( ) Internet atrapalha os estudos.
   b. ( ) Estudantes têm de pesquisar em vez de copiar.

2. Para cada tema apresentamos três tópicos. Leia-os, pare
   e pense. Qual deles lhe é mais familiar? Escolha-o como
   se você fosse fazer uma dissertação com ele:

Preservação da Terra

a. (   ) A preservação da Terra é responsabilidade de cada um.

b. (   ) O maior desafio da humanidade é preservar a Terra.

c. (   ) A preservação da Terra é uma indústria em crescimento.

Violência urbana

a. (   ) Educação é única saída.

b. (   ) O resultado da desigualdade.

c. (   ) O preço de morar nas grandes cidades.

Globalização

a. (   ) Nova forma de imperialismo.

b. (   ) Imposição de mão de obra qualificada.

c. (   ) O mundo todo no mesmo idioma.

Era da internet

a. (   ) O perigo mora nas telas.

b. (   ) Tudo ao mesmo tempo, agora.

c. (   ) Será o fim das bibliotecas?

3. Escreva três tópicos para cada tema apresentado:
   a. Crianças nas ruas.
   b. África.
   c. Água.
   d. Nova China.

LIÇÃO 3

O leitor é quem manda

1. A gente dança conforme a música. Na redação, a música é a audiência – quem vai ler o texto. Ele é amo e senhor. Escolher o tópico adequado ao poderoso é o primeiro passo para chegar ao sucesso. Você tem de escrever uma redação sobre o tema *estudo*. O texto se destina a pré-vestibulandos. Qual o tópico mais adequado a eles?

   a. ( ) Como estudar mais em menos tempo.
   b. ( ) Muitos estudantes concluem o ensino fundamental sem estar totalmente alfabetizados.
   c. ( ) A educação no Terceiro Mundo está cada vez mais distante da europeia.

2. Leia a notícia.

Unesco estuda permanência de título

A Unesco deve avaliar, nos próximos meses, se Brasília está preservada. Em 1987, a capital recebeu, do órgão da ONU, o título de Patrimônio Cultural da Humanidade, pela importância do acervo arquitetônico e artístico. As mudanças sofridas, por construções irregulares, podem tirar o título de Brasília. Há a possibilidade de a entidade considerar as máculas deixadas suficientes para desvalorizar as obras de Niemeyer e Lucio Costa. A população, que sabe o que a perda pode significar, pede soluções aos urbanistas do GDF.

Agora, conte-a para os três leitores propostos:

a. Brasileiro que vive na Dinamarca e não vem ao Brasil há mais de 20 anos.
b. Estudante que mora no Sul e nunca esteve em Brasília.
c. Seu pai, de 60 anos, que não costuma ler jornais regularmente.

3. Conte as últimas novidades da sua vida em e-mails ou bilhetes. Escreva um para sua mãe ou seu pai, outro para o melhor amigo e o último para a tia que não vê faz tempo.

LIÇÃO 4

Aonde você vai?

1. Qual o tópico mais adequado a cada objetivo?

   a. Elegantes ou vítimas da moda?

   b. Saúde em primeiro lugar.

   c. Aprender para reciclar.

   d. Ensino a distância, benefício da era digital.

   e. Não basta votar, tem de participar.

   ( ) Relacionar o desenvolvimento tecnológico com a inclusão de milhares de pessoas no sistema educacional brasileiro.

   ( ) Provar que tão importante quanto participar da eleição é analisar a carreira dos candidatos e fiscalizar o cumprimento das promessas.

   ( ) Analisar como a mídia atropela a individualidade e padroniza a beleza.

   ( ) Defender a educação em prol da reciclagem.

   ( ) Lembrar que a prática esportiva regular é uma das prescrições médicas para o bom funcionamento do organismo.

2. Leia os temas e os tópicos. Depois, escolha o objetivo da redação. Lembre-se de que os verbos devem estar no infinitivo:

a. Tema: tóxicos.
Tópico: a escravidão que vem dos tóxicos.
Leitores: adolescentes.
Objetivo: ....

b. Tema: Amazônia.
Tópico: a Amazônia é nossa.
Leitores: estudantes universitários.
Objetivo: ....

c. Tema: sol.
Tópico: exposição ao sol, um risco à saúde.
Leitores: crianças de 10 a 12 anos.
Objetivo: ....

d. Tema: carteira de trabalho.
Tópico: carteira assinada, uma conquista do trabalhador.
Leitores: trabalhadores de baixa renda.
Objetivo: ....

LIÇÃO 5

Como criar ideias

1. A seguir, você tem o planejamento de uma dissertação. Os primeiros passos foram dados. Sua tarefa é selecionar três ideias capazes de desenvolver o objetivo proposto:

   a. Tema: vestibular.
   Leitor: vestibulando.
   Delimitação do tema: o estresse do vestibular.
   Objetivo (o que quero?): sugerir formas de combater o estresse do vestibular.
   Ideias do desenvolvimento: ....

   b. Tema: velhice.
   Leitor: pessoas com mais de 65 anos.
   Delimitação do tema: perigo da ociosidade na velhice.
   Objetivo: sugerir atividades que previnam a ociosidade na velhice.
   Ideias do desenvolvimento: ....

c. Tema: escrever.

Leitor: vestibulandos.

Delimitação do tema: escrever bem é dom ou habilidade aprendida?

Objetivo: provar que escrever bem é habilidade. Depende de treino.

Ideias do desenvolvimento: ....

d. Tema: falar em público.

Leitor: alunos do curso de expressão oral.

Delimitação do tema: falar em público com desenvoltura e sem medo é questão de treino.

Objetivo: demonstrar que, com treino, qualquer pessoa pode falar em público com desenvoltura e sem medo.

Ideias do desenvolvimento: ....

e. Tema: Brasília, 43 anos.

Leitor: Assinantes do *Correio Braziliense.*

Delimitação do tema: Brasília tem desafios velhos e novos a enfrentar.

Objetivo: apontar os desafios a que Brasília tem de responder.

Ideias do desenvolvimento: ....

f. Tema: planejamento urbano.

Delimitação do tema: os benefícios das cidades planejadas.

Leitor: o examinador.

Objetivo: sugerir formas de planejamento urbano que minimizem efeitos negativos do crescimento.

Ideias do desenvolvimento: ....

g. Tema: álcool.

Leitor: jovem.

Delimitação do tema: droga permitida.

Objetivo: mostrar como o álcool, embora permitido, é uma das piores drogas.

Ideias do desenvolvimento: ....

2. Aproveite os temas e sugira para eles a sequência completa de desenvolvimento da sua dissertação: delimitação do tema, objetivo e três ideias.

a. Tema: pequenos delitos.
b. Tema: bioma do Rio Grande do Sul.
c. Tema: agrotóxicos.
d. Tema: água.
e. Tema: moda.
f. Tema: guerra de torcidas.

LIÇÃO 6

Escrever é pensar

1. Separe os textos em parágrafos.

a. **Lição da Igrejinha**

A destruição de azulejos da Igrejinha choca, mas não surpreende. O patrimônio cultural de Brasília não constitui uma ilha no arquipélago brasileiro. Ao contrário. Padece dos mesmos males que atacam a herança artística nas demais unidades da Federação. Constitui quase rotina na imprensa a divulgação de roubo de obras de arte, infiltração em prédios tombados, desaparecimento de livros ou páginas de livros raros, incêndio em igrejas de séculos passados, quebra de vitrais, imagens de santos, tetos, móveis e pisos de joias do barroco, renascimento ou modernismo nacionais e estrangeiros. Não faltam explicações para o descaso. O primeiro, sem dúvida, é o subdesenvolvimento. Países cuja população luta por acesso a moradia, trabalho, alimentação, saúde, educação e saneamento básico não veem o legado dos antepassados como algo a preservar. Muitos, ao se referirem a arquivos, antiguidades ou construções históricas, fazem-no com desdém. Consideram desperdício os recursos gastos na restauração ou manutenção de bens cuja função não lhes parece imediata ou próxima a suas necessidades prementes. Os governos, obrigados a administrar a escassez, relegam o patrimônio a segundo, terceiro ou quarto plano. Sem pressão social, torna-se permanente o que deveria ser medida emergencial com data para bater ponto final. Resultado: a deterioração aumenta e cresce o risco que ronda obras delicadas que precisam de cuidados especializados para evitar os malefícios da ação do tempo. É preocupante e empobrecedor. O acervo acumulado ao longo dos anos conta mais do que a aparência exibida. Ele fala de ideais e sonhos que construíram a nacionalidade – que torna cada povo singular e, por isso, digno do interesse de outros. Brasília deveria fugir à regra. Com menos de 50 anos, foi a primeira cidade moderna a receber o título de Patrimônio da Humanidade. Esperava-se que a vanguarda exibida na arquitetura e no traçado contagiasse os administradores. Não é, porém, o que se viu ao longo das décadas. A Catedral, a Torre de TV, o Teatro Nacional, o Panteão da Independência, a Praça dos Três Poderes e tantos outros monumentos pedem socorro. Impõem-se mudanças. O fogo da Igrejinha, além de alerta, pode impulsionar medidas de recuperação do patrimônio sempre adiadas. Entregar à cidade os monumentos restaurados talvez seja o melhor presente dado à população no cinquentenário da capital da República. (*Correio Braziliense,* com adaptações)

b. **Arma nas mãos**

A história se repete com monotonia. Ano após ano, o balanço de acidentes nas estradas registra números ascendentes. Neste fim de 2008 e início de 2009, o enredo não mudou. Divulgados pela Polícia Rodoviária Federal, os números da Operação Fim de Ano, em vigor de 20 de dezembro a 4 de janeiro, demonstram com clareza que muito ainda precisa ser feito para que o asfalto não mate nem aleije. O balanço assusta e, ao mesmo tempo, causa indignação. Foram 7.140 acidentes nos 61 mil quilômetros das rodovias federais. O saldo: 435 mortos e 4.795 feridos. Pelos autos de infração, é possível concluir que a tragédia não se deve a imperfeições no asfalto, iluminação ou sinalização. Deve-se, sobretudo, a falhas humanas. Das 171.265 violações, 99.435 tiveram como causa o excesso de velocidade; 1.043, embriaguez. O levantamento de multas manuais atingiu a cifra dos 70.787. Somado às eletrônicas, o número cresce. Irresponsabilidade e imprudência de motoristas são os grandes vilões das rodovias. O período abrangido pelo levantamento cobra preço alto não só dos infratores, mas também das vítimas que eles fazem. Fim de ano coincide com férias escolares e viagens de encontro de famílias cujos membros estão espalhados. O custo elevado das passagens aéreas e o aumento da frota de automóveis em mais de 14% em relação a 2007 tornaram as estradas mais disputadas. Mais: a chuva abundante que tradicionalmente cai no início do verão contribui para agravar o vaivém no asfalto. Em suma: a realidade impõe mais cuidado ao volante. Não é, porém, o que se registra. A repetição das estatísticas incivilizadas exige medidas corretivas. Elas passam necessariamente por duas vias. Uma é a repressão. Nenhum motorista deve apostar na impunidade. O condutor precisa ter consciência de que a infração não passará despercebida e, consequentemente, terá de pagar por ela. Sabe-se, porém, que a mudança de comportamento não se faz por decreto. Exige, de um lado, rigor na fiscalização e, de outro, campanhas educativas. O Brasil tem larga experiência em mobilizações populares. As campanhas de vacinação nacionais servem de modelo para a Organização Mundial da Saúde. Por que não abraçar a causa do trânsito? Acima de governos e partidos, deve imperar o respeito à vida. Adultos, crianças e idosos têm de ter garantido o direito de ir e vir com segurança – seja na qualidade de pedestres, seja na de motoristas. O reconhecimento do limite do próprio direito e do direito dos demais é condição para sentar-se no banco de motorista. Ao ligar a chave de ignição, o condutor precisa ter uma certeza: ele tem uma arma nas mãos. (*Correio Braziliense*)

LIÇÃO 7

O parágrafo

1. Eis tópicos frasais. Leia-os com atenção. Depois, marque a letra correspondente ao desenvolvimento de cada um. Com o casamento perfeito, você forma parágrafos com unidade:

(a) Estão abertas as inscrições para vários vestibulares do país.

(b) Atingida a marca de um milhão de carros nas ruas, a frota do Distrito Federal se multiplica em velocidade geométrica e o transporte público continua promessa a ser cumprida no Dia de São Nunca.

(c) Vários fatores respondem pelas tragédias dos últimos anos nos rios da Região Norte.

(d) Depois de fiscalizar cursos de direito e pedagogia, o Ministério da Educação se dispõe a atacar a medicina.

( ) O tráfego intenso e a falta de sinalização ao longo dos leitos aliam-se ao descaso decorrente de falhas flagrantes na fiscalização. Batidas de barcos e número excessivo de passageiros a bordo são ocorrências corriqueiras. A certeza da impunidade é tal que homens e mulheres pegam o transporte no meio do rio, com a embarcação em movimento. Sobram portos clandestinos. Bagagem espalhada pelo chão dificulta o acesso às saídas de emergência (quando existem). E a população que precisa ir e vir corre sério risco ao exercer o direito assegurado pela Constituição.

( ) Com isso, volta à tona o debate sobre o vestibular como a principal forma de ingresso na universidade. E não são apenas os cansados estudantes do ensino médio ou de cursinhos que acham o teste forma injusta de seleção. Especialistas propõem alternativas.

( ) No Exame Nacional do Desempenho de Estudantes (Enade), 17 faculdades receberam nota vermelha. Do máximo de cinco pontos, tiraram um e dois, abaixo do mínimo admitido – três. Entre as reprovadas, figuram quatro instituições federais. As restantes são particulares.

( ) Como é norma no país, o caos chegou antes das providências. Espera-se que não tenha vindo para ficar. Quase 250 novos autos entram em circulação todos os dias. Há menos de uma década tínhamos 585 mil, hoje estamos perto do dobro. Algo precisa ser feito já.

LIÇÃO 8

O tópico frasal

1. Você é capaz de identificar o tópico frasal. Assinale-o:

a. Anualmente, as cheias dos rios assolam as populações mais pobres de estados brasileiros. Ruas cobertas de lama, móveis perdidos e até mortes são registradas nas primeiras semanas de cada ano. Mesmo com a história se repetindo, governantes não conseguem evitar desgraças como a que tomou conta, neste ano, de diversas cidades catarinenses.

Tópico frasal: ....

b. Atenção, chocólatras e loucos por dieta: se comer muito chocolate faz mal, deixar de comê-lo também não é atitude saudável. Depois de seguir alimentação e reações físicas de 100 pessoas, cientistas concluíram: a ingestão diária de 50 gramas de chocolate amargo evita o desenvolvimento de doenças.

Tópico frasal: ....

2. Leia o desenvolvimento dos parágrafos e, a seguir, escolha o tópico frasal adequado:

a. .... Um deles: furto nos sinais de trânsito. Outro: embaraço à livre circulação de pessoas pelos muros de mercadorias armados pelos camelôs. Mais um: extorsão mediante ameaça declarada ou tácita praticada pelos flanelinhas. É um imposto a mais que os cariocas já se acostumaram a pagar. Em dias de jogo no Maracanã, chegam a cobrar R$ 10 ou R$ 20. O último, mas não menos importante: a cidade, loteada pelo crime organizado, também é vítima do mapeamento de suas ruas e esquinas feito pelo pequeno delinquente. (Texto adaptado do *Jornal do Brasil*)

( ) Na cidade, há pequenos delitos para todos os gostos.

( ) Não se pode mais andar sossegado nas ruas do Rio.

b. .... Agora, é a vez da plantação de 500 mil hectares de eucaliptos para abastecimento de três grandes indústrias de celulose. A ação preocupa ambientalistas, que temem mudanças climáticas. Eles defendem a retomada da pecuária tradicional e clamam pela criação de áreas de proteção para resguardar pelo menos 10% do ambiente nativo. Hoje, de acordo com o IBGE, só 2,7% do bioma está protegido por unidades de conservação federal. (Texto adaptado do jornal *O Estado de S. Paulo*)

( ) Desacreditadas por alunos que temem não se encaixar no mercado de trabalho, as universidades da Região Sul querem mudar os currículos.

( ) Desgastado pelas frentes agrícolas que semearam arroz nos anos 1970 e, logo depois, pela soja, o cenário do pampa vai mudar.

3. Parágrafo sem tópico frasal? Cruz-credo! É corpo sem cabeça. Complete a criatura:

a. .... Precisa escrever uma redação de 30 linhas. Como chegar lá? Primeira resposta: com calma. Relaxe. Respire fundo. Redigir bom texto não significa criar por inspiração divina. É exercício. Para fazê-lo com êxito, siga as regras do jogo.

b. .... Eleito sob o signo da mudança e do entendimento, o presidente democrata traçará outros rumos para a política externa e a política interna da maior potência do planeta. É essa a promessa repetida nos comícios com a qual conquistou americanos de todas as idades, etnias e classes sociais. A maciça participação dos jovens, o comparecimento recorde às urnas e a vitória avassaladora constituem prova indiscutível de que Obama encarna a esperança da maioria dos cidadãos.

LIÇÃO 9

Como desenvolver o parágrafo: citação de exemplos

1. Só um parágrafo não apela para a citação de exemplos. Qual é ele?

a. ( ) Na cidade, há pequenos delitos para todos os gostos. Um deles: furto nos sinais de trânsito. Outro: embaraço à livre circulação de pessoas pelos muros de mercadorias armados pelos camelôs. Mais um: extorsão mediante ameaça declarada ou tácita praticada pelos flanelinhas. É um imposto a mais que cariocas se acostumaram a pagar. Em dias de jogo no Maracanã, chegam a cobrar R$ 10 ou R$ 20. O último, mas não menos importante: a cidade, loteada pelo crime organizado, também é vítima do mapeamento de suas ruas e esquinas feito pelo pequeno delinquente. (Texto adaptado do *Jornal do Brasil*)

b. ( ) A transposição do Rio São Francisco é questão polêmica, que levanta argumentos contra e a favor da obra. Para o governo, a obra põe fim à

151

seca e a seus efeitos sobre a economia regional. Para ambientalistas, a perda de terras férteis e a ameaça à biodiversidade terrestre e aquática são efeitos óbvios da medida. Com o comprometimento da água para a transposição, teme-se, também, encarecimento da energia hidrelétrica. O governo promete, para amenizar o quadro, programa de revitalização hidroambiental, novos parques nacionais e mais unidades de conservação.

c. ( ) Muitos são os motivos que levam estudantes a se sentirem pressionados na hora de escolher o curso universitário. Um deles é o mercado de trabalho, saturado em algumas áreas. Outro é o nível de dificuldade para passar no vestibular das faculdades públicas – o que empurra carreiras como medicina e engenharia para o fim da fila. Outro, ainda, a dificuldade em identificar, aos 18 ou 20 anos, a profissão para o resto da vida. Para psicólogos e pedagogos, o importante é ouvir o que diz o coração.

2. Ops! Chegou sua vez. Com o planejamento à vista, desenvolva um parágrafo com citação de exemplos:

Tema: segurança pública.
Leitor: seus colegas de concurso.
Delimitação do tema: polícia nas ruas não garante segurança pública.
Objetivo: provar que investir só em policiamento não é solução para problemas de segurança pública.
Ideias do desenvolvimento:

1. Policiais são, muitas vezes, seduzidos pelo poder da corrupção.
2. Bandidos estão bem armados.
3. Para tanto bandido, não há policial que chegue.

LIÇÃO 10

Como desenvolver o parágrafo: apresentação de razões e consequências

1. Que parágrafos recorrem à estratégia de apresentação de razões e consequências?

    a. ( ) Nada menos de 260 pessoas nas várias regiões do país estão sob ameaça de terem o destino do ambientalista Chico Mendes, assassinado há 20 anos. Mendes alcançou projeção mundial ao defender a preservação das águas, da floresta amazônica e da atividade extrativista. São enormes os riscos de os ameaçados de agora serem também trucidados, como já o foram centenas deles. Eles atuam em duas frentes. Uma delas: nas regiões em que há conflito em torno da posse e uso da terra. A outra: no combate à destruição do meio ambiente.

    b. ( ) O amor e o casamento têm seus provérbios. Todo homem apaixonado é poeta. Quem ama o feio bonito lhe parece. Amor e tosse não dá para esconder. Se você quer elogio, morra; se quer crítica, case-se. (Nelson Carlos Teixeira)

c. ( ) Um mundo novo bate à porta. Não é qualquer mundo novo. Trata-se do mundo de alta tecnologia. Mais precisamente: o mundo das comunicações. Segundo especialistas que olham lá na frente, as mensagens terão no máximo 140 caracteres. O que é isso? São 140 toques no computador, contados os espaços.

2. Que tal escrever um parágrafo com razões e consequências? Siga o esquema e vá em frente:

Tema: crianças com agenda cheia.

Leitor: examinador do concurso.

Delimitação do tema: por que crianças fazem tantas atividades.

Objetivo: provar que as atividades extracurriculares valem mais que horas em frente da tv e do computador

Ideias do desenvolvimento:

1. Aulas são mais proveitosas que programas de tv e jogos de computador.
2. É importante escolher atividades ao mesmo tempo prazerosas e instigantes.
3. A criança não pode ficar tão longe de casa a ponto de perder os laços com o lar e a família.

LIÇÃO 11

Como desenvolver o parágrafo: decomposição, definição, confronto

1. Identifique os parágrafos cujo desenvolvimento segue estratégia de decomposição, definição ou confronto:

    a. O português tem três tipos de predicado. Num, o núcleo da declaração é o verbo. Por isso se chama verbal. Noutro, a palavra-chave é o nome. Daí denominar-se nominal. Noutro, ainda, misturam-se os dois. É o predicado verbo-nominal. Tem um núcleo verbal e outro nominal.

    b. Assim começou a disputa no quadro de medalhas entre chineses e americanos nos Jogos Olímpicos de Pequim. De um lado, a nova força baseada em treino, treino e reclusão. De outro, a tradição esportiva que nasce nos bairros e chega ao auge em universidades e patrocínios milionários.

c. É cada vez mais comum a identificação de crianças com TDAH nas salas de aula. O TDAH, ou transtorno do déficit de atenção com hiperatividade, aparece na infância e frequentemente acompanha o portador para o resto da vida. Daí a importância da constatação precoce.

2. Com o tópico frasal apresentado, desenvolva um parágrafo por confronto de ideias:
Na briga pela prefeitura, de um lado estão os petistas; do outro, a oposição.

3. Você agora tem o tópico frasal. Redija um parágrafo por decomposição:
O time tem duas vantagens sobre o adversário.

4. Para terminar, escreva um parágrafo por definição. Se precisar, consulte o dicionário. Eis o tópico frasal:
Pouco conhecida dos brasileiros, a quinoa é um grão que tem 90% de sua massa de proteína.

LIÇÃO 12

Diga-diga-diga

1. Primeiro leia o texto. Depois, identifique o projeto que o autor fez para deixar a redação redondinha e dar-lhe começo, meio e fim. Por fim, preencha o esquema.

Chuvas e caos urbano

Quase ninguém estranha mais ao ver imagens na televisão de carros boiando e pessoas se transportando de barco pelas ruas de cidades brasileiras. As enchentes, com todos os transtornos e prejuízos que acarretam, se banalizaram. São tão certas quanto a temporada de chuvas. Nem precisa haver temporais extraordinários, daqueles que entram para a história, ou longos períodos de invernada. Choveu, alagou. O cidadão já muda hábitos para driblar as dificuldades, ajeita compromissos de forma a esperar as águas baixarem, incorpora o inusitado à rotina. Se vai viajar, prepara o espírito para enfrentar buracos, crateras e até deslizamentos e interdições estrada afora. Pior quando, mais do que a paciência, o precioso tempo e bens, perde a vida.

Os prefeitos, que tomaram posse em 1º de janeiro, deveriam aprender a lição no primeiro dia do mandato. Mas a norma é terminarem os quatro anos e passarem o cargo adiante – ou o reassumirem, em caso de reeleição – sem dar a mínima contribuição para resolver o problema. Não é diferente com os demais governantes, sejam eles da esfera federal, estadual ou municipal. Assim como os cidadãos, as autoridades parecem esperar as inundações como se elas estivessem inscritas nos calendários e sua chegada fosse tão inevitável quanto a do carnaval ou da semana santa. Também desempenham rotina própria nesses momentos. Com cara de consternação, visitam desabrigados e vistoriam estragos sob o pipocar dos flashes da mídia. Depois estendem o pires para Brasília.

Basta! Os gargalos e as providências são conhecidos. Faltam planejamento e ação. Canais, córregos, rios, encostas, galerias de águas pluviais, bocas de lobo existem o ano inteiro. Não podem ser lembrados apenas no verão. E isso vale tanto para quem joga lixo nas ruas quanto para quem deve coletá-lo e manter os sistemas urbanos em pleno funcionamento; para quem desmata e para quem tem a obrigação de evitar desmates e assoreamentos. Uns e outros precisam ter consciência da sua parcela de responsabilidade – que obviamente é maior para o poder público. Com trabalho preventivo, em vez de somente emergencial, enchentes voltariam a ser eventos excepcionais, passíveis de ocorrer a cada 20 ou 30 anos, como consequência de fenômenos naturais raros, sob chuvas muito intensas ou contínuas.

Fora disso, cidades alagadas devem ser vistas como carimbo de administração incompetente. Em muitas delas, as galerias pluviais estão obsoletas, ultrapassadas pela crescente densidade populacional. Em outras, faltam bueiros ou a saída está obstruída, com os rios nos quais desembocam assoreados. A impermeabilização indiscriminada do solo é outro problema. Cimento ou asfalto demais, onde poderia haver verde, torna a paisagem árida e desperdiça áreas de absorção da água das chuvas. A insuficiência ou incapacidade de bocas de lobo são previsíveis. Não há por que ignorá-las na época da seca. Da mesma forma, campanhas educativas, que instruam e incentivem a população a participar da empreitada como parceira indispensável não podem ser ignoradas. A questão é que de nada resolverá lembrar disso tudo quando o próximo verão chegar e o caos se repetir.

LIÇÃO 13

A introdução

1. A frase que inicia um texto tem de ser empolgante – ao lê-la, a gente deve ficar louco de vontade de ir adiante. Essa é a função da sentença de abertura: pegar o leitor pela perna. Não o deixar escapar. Cada grupo de frases forma um parágrafo. Escolha a que deve iniciá-lo.

   a. ( ) Prova disso está no grande número de pessoas que testemunham o fim da dependência de drogas, o reinício de relações amorosas, a tomada da decisão mais difícil da vida a partir do pequeno, mas decisivo, estímulo recebido de um amigo.

   ( ) Pequena ação pode se tornar pedra fundamental de grande mudança.

   ( ) Muitas vezes, o pequeno estímulo e o abraço na hora certa se tornam chaves que abrem portas aparentemente emperradas.

b. ( ) Ele dignifica quem o presta e revitaliza pessoas e comunidades assistidas pela dedicação de outros.

( ) Nesse prisma, são inigualáveis e insubstituíveis os benefícios nascidos dessa modalidade de assistência social.

( ) Segundo documento da Organização das Nações Unidas (onu), voluntário é quem, por interesse pessoal ou cívico, dá parte do seu tempo, gratuitamente, a atividades em prol do bem-estar social.

( ) O trabalho voluntário é via de mão dupla.

2. Crie frases de abertura para as redações sugeridas.

a. Tema: vestibular.
Tópico: o estresse do concurso.
Leitores: colegas concurseiros.
Objetivo: sugerir formas de combater o estresse do concurso.
Ideias do desenvolvimento:
1. Estresse é falta de planejamento nos estudos.
2. O concurseiro tem de praticar esportes e se divertir.
3. Faz parte da preparação para concursos a leitura de jornais e revistas, o que contribui para o sucesso na prova e, ao mesmo tempo, o alívio do estresse.
Frase inicial: ....

b. Tema: planejamento urbano.
Tópico: benefícios das cidades planejadas.
Leitor: o examinador.
Objetivo: sugerir formas de planejamento urbano que minimizem efeitos negativos do crescimento.
Ideias do desenvolvimento:
1. O crescimento desordenado resulta em pouca qualidade de vida.

2. Mais do que nunca, é importante planejar ecologicamente as cidades.
3. O crescimento planejado pressupõe escolas, serviços e moradia para todos.

Frase inicial: ....

c. Tema: álcool.
Tópico: a droga permitida.
Leitor: jovem.
Objetivo: provar que o álcool, embora permitido, é uma das piores drogas existentes.
Ideias do desenvolvimento:
1. Apesar de o álcool causar dependência, bebidas têm propaganda e venda permitidas.
2. Não beber, para muitos, significa atitude antissocial.
3. O tratamento do alcoolismo é difícil e caro.

Frase inicial: ....

LIÇÃO 14

O desenvolvimento

1. O texto apresenta introdução e conclusão. Analise-o, planeje o desenvolvimento e complete-o:

A corrupção e eu

INTRODUÇÃO

A tese de que o inferno são os outros não é só cômoda. É comodista. Pressupõe que mudanças dependem da transformação alheia. Se elas tardarem, ou não se concretizarem, lavam-se as mãos, a exemplo de Pilatos. O resultado da transferência de responsabilidades não poderia ser diferente: perpetuam-se práticas que devem – e podem – ser banidas da vida social. É o caso da corrupção.

CONCLUSÃO

O combate à corrupção deve começar cedo. É providencial focar na criança. Textos, peças teatrais, palestras, filminhos são meios lúdicos capazes de blindar meninos e meninas contra a tolerância com o avanço no dinheiro público. Sabe-se que filhos têm o poder de mudar o comportamento dos pais e trilhar caminho socialmente justo para as gerações futuras.

LIÇÃO 15

A conclusão

1. Os textos têm introdução e desenvolvimento. A conclusão? É tarefa sua.

a. **Crescer com a Copa**

Não importa a profundidade das repercussões da crise financeira internacional sobre o Brasil. O país tem compromissos com investimentos de vulto já a partir de 2009: a preparação para a Copa do Mundo de 2014. Estimativas preliminares indicam que, apenas dos cofres públicos, o evento consumirá em torno de R$ 10 bilhões. Mas, antes de ser uma preocupação, o mundial de futebol é ferramenta para o crescimento. Em média, tem impulsionado em 1,5% o PIB (soma das riquezas produzidas internamente) das nações que o sediam.

Trata-se, pois, de mais uma janela de oportunidades que se abre ao Brasil, um antídoto extra em

165

momento de recessão rondando a economia mundial. Calcula-se, por exemplo, que atraia cerca de 500 mil visitantes, incremento equivalente a 10% do fluxo de um ano inteiro. Para recebê-los, obras precisarão ser disseminadas em várias frentes e cidades, abrangendo do setor hoteleiro ao de transportes (rodovias, aeroportos, ferrovias), de telecomunicações a saneamento básico e segurança, sem contar a construção de, pelo menos, dez monumentais estádios.

Entre outros benefícios, Brasília, por exemplo, deverá ganhar uma linha de veículos leves sobre trilhos, interligada ao metrô, que irá do aeroporto à W3 e ao Estádio Mané Garrincha. Os projetos preveem, ainda, a interligação do Rio de Janeiro a São Paulo, passando por Campinas, por trem de alta velocidade. São obras de infraestrutura de caráter permanente, de interesse da população, um salto no desenvolvimento nacional. Melhor: com grande oferta de mão de obra durante a fase de execução e mais alguma posteriormente, na operação e manutenção.

Até 31 de março, as 12 cidades brasileiras que receberão jogos serão anunciadas pela Confederação Brasileira de Futebol (CBF). A partir daí, o governo federal definirá as áreas prioritárias para investimentos públicos. Serão aproveitados projetos do Programa de Aceleração do Crescimento (PAC), que já estão sendo definidos pela Associação Brasileira de Infra-Estrutura e Indústrias de Base (Abdib). Contudo, recomenda-se que seja seguido o exemplo de países como a Alemanha, que financiou apenas um terço das obras e usou o forte apelo do milionário evento para formar parcerias com a iniciativa privada.

b.
Rigor no trânsito

Quem ainda não se convenceu de que a vigilância sobre motoristas alcoolizados continua a ser exercida com o maior rigor precisa anotar as medidas repressivas adotadas pelo Detran-DF e suas advertências. Não há contemplação alguma na execução das normas punitivas da Lei nº 11.705/2008, com especial atenção às que, ante a gravidade da conduta, determinam a apreensão e suspensão da Carteira Nacional de Habilitação (CNH). Que o digam os 12 primeiros infratores flagrados em estado de embriaguez nas condições extremas previstas na legislação. Tiveram as CNHs recolhidas e foram proibidos de dirigir pelo prazo de um ano.

Não é tudo. Conforme previsão estatuída na mencionada lei, todos os que forem surpreendidos com teor alcoólico acima de 0,33 miligrama por litro de ar expelido dos pulmões sofrem, além da multa de R$ 957 e suspensão da habilitação por um ano, duas punições adicionais. Serão processados pelo crime de dirigirem sob efeito de álcool e, para se livrarem da prisão, necessitam pagar fiança. Caso venham a ser condenados, ficarão atrás das grades por período de seis meses a três anos.

O enquadramento penal daqueles que se obstinam em violar as convenções do trânsito, no tocante à abstinência de bebidas alcoólicas, consta das advertências das autoridades encarregadas da fiscalização. Trata-se de iniciativa necessária para controlar as estatísticas de acidentes em razão de desrespeito ao que se convencionou chamar de lei seca. As mortes nas vias trafegáveis do DF exibem números ainda preocupantes, malgrado o esforço para reduzi-las a patamar aceitável.

Novembro foi o sétimo mês consecutivo de queda nos registros de acidentes letais nas pistas do DF. Houve perda de 35 vidas, 10,3% menos do que no mesmo mês do ano passado. Mas, em relação a outubro deste ano, as ocorrências mortais foram superiores. Para o Detran, o fato se deveu à imprudência de condutores por não considerarem os riscos que se agravam durante o período de chuvas. De qualquer forma, o cenário é inquietante e, com certeza, exige mais ação do poder público, como reconhecem os gestores ligados ao problema.

Quem se dispuser a dirigir durante as comemorações natalinas e festejos de fim de ano desde logo não deve contar com atuação mais branda do Detran. Ao contrário. A Operação Álcool Zero do BP-Trans estará mais ativa, como convém no período em que o consumo de bebidas se torna maior. Não se ignore, também, que policiais à paisana ficarão de vigília nas proximidades de bares e restaurantes para passar as placas dos carros às patrulhas convocadas à fiscalização.

LIÇÃO 16
O time da língua

1. Marque com setas os trechos a que as palavras em negrito fazem referência. Siga o exemplo:

O presidente Lula deixou o Palácio da Alvorada. **Ele** seguiu para a Granja do Torto.

a. As propostas do governo agradaram a 37 parlamentares. **As** da oposição, a 56 congressistas.
b. Os estilistas europeus ditam a moda do mundo. **Eles** repetem os figurinos básicos e inovam nos acessórios.
c. As atitudes dos jovens falam por eles. **As** de Mateus revelam um amante de novas tecnologias. **As** de Victor, um crítico das injustiças sociais.
d. Mariana e Carolina frequentam festivais de cinema. **Esta** prefere filmes de suspense; **aquela**, de arte.

2. Períodos precisam de harmonia e coerência. Amarre-os dando-lhes coesão textual:

a. Esta cachaça é mineira. Eu falei desta cachaça para você.

b. Os alunos não gostam do professor. O professor é autoritário e mandão.

c. Ele fez um curso universitário. O curso o transformou em cientista.

d. Há uma mesa na sala. A anfitriã pôs os pratos na mesa.

e. Na palestra, o filósofo falou dos ensinamentos de Gandhi. Paz e paciência estão entre os ensinamentos de Gandhi de que o filósofo falou.

f. O Congresso adotou medidas punitivas. Essas medidas atingirão em cheio os partidários do presidente.

g. Há mães felizes. Se os filhos são estudiosos e obedientes, a mãe é feliz.

h. A cidade de Elvira fica na Espanha. A cidade de Mitsi fica na Grécia.

i. Beatriz e Isabela foram ao shopping center. Beatriz comprou livros e Isabela comprou roupas.

j. Este é o aluno. Suas notas são, na maioria, vermelhas.

k. Aquele é o rapaz bonito do clube. Eu lhe falei do rapaz.

l. O homem é forte. O padrinho também é forte.

m. Klaus e Leandro estudam juntos. Klaus gosta de matemática e Leandro gosta de ciências.

n. O Rio é conhecido como a mais bela cidade do mundo. O Rio também é famoso pelo carnaval.

o. Diminuir a perda de papel é um dos objetivos da população desta cidade. Para diminuir a perda de papel, a troca de livros didáticos entre estudantes está cada vez mais frequente.

3. Para tornar as ideias adequadas e coesas, substitua conectivos de transição e palavras de referência inadequados:

   a. Ela está no exterior há muitos anos, sobretudo não conhece a nova casa da mãe.
   b. Ele perdeu o emprego, logo já tem outras chances de trabalho.
   c. João passou no concurso em primeiro lugar, mesmo assim é tido como o profissional mais preparado para a vaga.
   d. Saí do trabalho mais cedo, apesar disso tinha um consulta médica marcada.
   e. Maria não esconde os sentimentos desde que se esforce.

4. Preencha as lacunas dando coesão textual ao parágrafo:

   O colecionador chegava em casa .... foi anunciado o assalto. Dois bandidos o cercaram .... três observavam o movimento da rua. .... não viram ninguém, levaram-no para o interior da mansão. Foram roubados dólares, joias e quadros valiosos, ... autores permanecem em sigilo. A polícia espera recuperar pelo menos as obras, ... vítima e agentes se recusam a falar. Parentes .... não querem ser identificados dizem ter visto no local peças de Picasso e Renoir.

LIÇÃO 17

Redação nota 10

1. Sua vez de escrever redações nota 10. Siga os esquemas e mãos à obra:

   a. Tema: habitação.
   Delimitação do tema: morar nas grandes cidades.
   Objetivo: citar dificuldades de moradia nas grandes cidades brasileiras.
   Ideias do desenvolvimento:
   1. O metro quadrado custa cada vez mais.
   2. Os centros estão lotados. O jeito é morar nas periferias. Aí, distância, trânsito e dificuldade no transporte público fazem do dia a dia um inferno.
   3. Para comprar imóveis mais baratos ou ainda em construção, o jeito é escolher pequenas cidades ao redor das metrópoles.

   b. Tema: o futuro dos Estados Unidos.
   Delimitação do tema: o que se espera do governo de Barack Obama.

Objetivo: demonstrar a perspectiva de mudança nos EUA com a eleição de um presidente negro não conservador. Ideias do desenvolvimento:

1. Pela primeira vez um presidente negro assume o governo dos Estados Unidos. E com quase 80% de aprovação popular.

2. Na posse, ouviu-se do novo presidente discurso moderno contra a guerra e a opressão.

3. Americanos esperam dele, além de modernidade, o fim da crise econômica que arrasa o país.

2. Exercício retirado do vestibular da Fuvest-2007.

Redação

"Em primeiro lugar (...), pode-se realmente 'viver a vida' sem conhecer a felicidade de encontrar num amigo os mesmos sentimentos? Que haverá de mais doce que poder falar a alguém como falarias a ti mesmo? De que nos valeria a felicidade se não tivéssemos quem com ela se alegrasse tanto quanto nós próprios? Bem difícil te seria suportar adversidades sem um companheiro que as sofresse mais ainda.

(...)

Os que suprimem a amizade da vida parecem-me privar o mundo do sol: os deuses imortais nada nos deram de melhor, nem de mais agradável."

(Cícero, *Da amizade*)

"Aprecio no mais alto grau a resposta daquele jovem soldado, a quem Ciro perguntava quanto queria pelo cavalo com o qual acabara de ganhar uma corrida, e se o trocaria por um reino: 'Seguramente não, senhor, e no entanto eu o daria de bom grado se com isso obtivesse a amizade de um homem que eu considerasse digno de ser meu amigo'. E estava certo a dizer se, pois se encontramos facilmente homens aptos a travar conosco relações superficiais, o mesmo não acontece quando procuramos uma intimidade sem reservas. Nesse caso, é preciso que tudo seja límpido e ofereça completa segurança."

(Montaigne, *Da amizade*, adaptado)

"Amigo é coisa pra se guardar,
Debaixo de sete chaves,
Dentro do coração...
Assim falava a canção
Que na América ouvi...
Mas quem cantava chorou,
Ao ver seu amigo partir...
Mas quem ficou,
No pensamento voou,
Com seu canto que
o outro lembrou
(...)"

(Fernando Brant /
Milton Nascimento,
Canção da América)

"(...)
E sei que a poesia
está para a prosa
Assim como o amor
está para a amizade.
E quem há de negar
que esta lhe é superior?
(...)"

(Caetano Veloso, *Língua*)

Considere os textos e a instrução abaixo:

INSTRUÇÃO: A amizade tem sido objeto de reflexões e elogios de pensadores e artistas de todas as épocas. Os trechos sobre esse tema, aqui reproduzidos, pertencem a um pensador da Antiguidade Clássica (Cícero), a um pensador do século XVI (Montaigne) e a compositores da música popular brasileira contemporânea. Você considera adequadas as ideias neles expressas? Elas são atuais, isto é, você julga que elas têm validade no mundo de hoje? O que sua própria experiência lhe diz sobre esse assunto? Tendo em conta tais questões, além de outras que você julgue pertinentes, redija uma DISSERTAÇÃO EM PROSA, argumentando de modo a expor seu ponto de vista sobre o assunto.

LIÇÃO 18

Para essa lição não há exercícios.

LIÇÃO 19

Regras de ouro da escrita

1. Os trechos a seguir abusam de ordens inversas, palavras desnecessárias, repetições e períodos longos. Sua missão é torná-los claros e compreensíveis. Comece pelas frases, passe pelos parágrafos e termine no textão:

    a. Sob as luzes de estrelas que, iluminando o céu escuro, fazem brilhar a noite, digo que a vida é uma só.

    b. No Centro-Oeste, aos estados de Goiás e Mato Grosso, ondas carregadas de calor podem chegar vagarosamente ao longo desta semana.

    c. Depois de duas semanas de disputas olímpicas na madrugada brasileira, terminam na madrugada de hoje os Jogos Olímpicos de Pequim. E, como já era esperado por todos, os chineses anfitriões traçaram nova geografia mundial do esporte ao suplantarem, pela primeira vez na história dos Jogos Olímpicos, a superpotência norte-americana no quadro geral de medalhas gerais. O balanço final das conquistas demonstra que, para a China, fazer um grande evento não era tudo o que eles queriam desse evento esportivo. Precisava, também, mostrar a força da raça chinesa, o potencial da juventude e a competência do Estado na formação de seus atletas.

d. O crescimento do Produto Interno Bruto acima das expectativas deve ser muito comemorado e, ao mesmo tempo, tem de ser visto como uma grande oportunidade de resolver problemas que põem em risco a manutenção de um círculo virtuoso que deve ser mantido, já que os 6,1% de expansão registrados no segundo trimestre do ano de 2008, aliados aos resultados dos três trimestres anteriores a este, mostram o melhor desempenho do PIB desde 1996, agora, até que enfim, esse percentual atingiu a casa dos 6%.

e. ### Com os pés no chão

O multilateralismo deixou de ser apenas uma questão de alternativa politicamente correta para todos os Estados Unidos. Não só pela vontade pessoal própria do novo presidente dos Estados Unidos, a arrogante postura de donos do mundo foi posta para fora da Casa Branca. "Nosso poder sozinho não pode nos proteger, nem nos permite fazer o que bem desejarmos", reconheceu Barack Obama no discurso de posse como presidente dos Estados Unidos, com a honestidade e a humildade dos grandes estadistas do mundo. Sinal de que o legado dos oitos anos do presidente George W. Bush serviu, ainda que por vias tortas, para ensinar uma dura lição à maior potência do planeta Terra.

Obama foi além disso. Desfez a divisão do mundo em eixos do mal e do bem e se dispôs a estender a mão, sem distinguir ninguém, a todos, incluindo os mais radicais "se desejarem afrouxar o pulso". Com os olhos postos na história passada, lembrou que "gerações anteriores enfrentaram o fascismo e o comunismo não só com mísseis e tanques, mas com alianças vigorosas e convicções duradouras". Numa frase curta, em tom de quem dava um recado, explicitou sua enorme capacidade de enfrentar o terrível terrorismo com sabedoria, não somente armado com a força bruta: "Os seus povos os julgarão com base no que podem construir, não no que podem destruir".

Um grande orador para falar, Barack Obama impressionou não pelo proselitismo, mas pelos argumentos convincentes, que pareciam aflorar espontaneamente da sua sólida formação, a mais sofisticada até aqui apresentada por um presidente norte-americano que chegou à Casa Branca. Discursou como professor disciplinado e muito intolerante com os erros históricos. Assim, juntou o imprescindível aceno de paz ao mundo todo a forte apelo pela "reconstrução da América". Não só daquela de Wall Street, arrasada pela maior crise econômica que os Estados Unidos já viram desde os anos 1930, mas também da de "antigos e verdadeiros" valores que foram perdidos – trabalho, honestidade, coragem, tolerância, lealdade, patriotismo.

Com a elegância que lhe é peculiar, clamou por "nova era de responsabilidade", dando um puxão de orelhas nos concidadãos ao criticar a ganância e a irresponsabilidade que, segundo ele, levaram ao estouro da bolha imobiliária que mergulhou o país e o mundo numa falta de liquidez sem precedentes na história da economia norte-americana. Não se queixou da herança maldita, mas deu uma estocada no antecessor ("a hora de proteger interesses estreitos e adiar decisões desagradáveis, essa hora certamente passou") e apontou para a "falha coletiva diante de decisões difíceis". O mea-culpa se completou quando ele falou da questão ambiental, o mau uso da energia e o reconhecimento da necessidade urgente de a população da Terra "reduzir o espectro do aquecimento global".

Barack Obama tem crédito para transpor as ideias do plano retórico para o plano prático. Quase 80% dos norte-americanos se manifestam otimistas diante da sua eleição, boas-vindas ecoam por todo o mundo afora, a natureza multicultural do presidente respalda o discurso muito multilateralista. Mas ele em si – faz questão de deixar isso bem claro – não é o remédio para os males que hoje afligem os Estados Unidos. Conforme destacou nos 20 minutos da fala que proferiu na posse, trabalho duro, com o comprometimento de todos, honestidade, coesão, compreensão e colaboração entre as nações são de fato imprescindíveis neste momento. Ainda assim, frisa com razão, será preciso tempo para reerguer o país. Estar com os pés no chão é o melhor começo.

2. Eis frases grandooooooooooooonas. Desmembre-as em frases curtas. Faça duas opções para cada item:
   a. O leitor só consegue dominar determinado número de palavras antes que os olhos peçam pausa, sendo que, se a frase for muito longa, ele se sentirá perdido, não podendo compreender-lhe o completo significado.

b. Mulheres que trabalham nas mesmas condições de homens têm salários mais baixos que os deles porque homens são maioria dos empregadores e, por isso, mulheres acabam injustiçadas no mercado.

c. Saí correndo da festa como se estivesse atrasada deixando os amigos pensarem que eu passava mal e meu noivo curioso sobre qual seria o compromisso tão importante para mim, já que eram apenas 10h da noite.

3. Que tal escrever sobre você? O tema está dado. Faça sua parte com frases curtas.

Seu dia ontem

Sua cidade natal

Seu futuro nos estudos

4. Escolha uma redação sua. Examine os períodos. Predominam os longos? Brinde alguns com pontos. Depois releia o texto em voz alta. Tem ritmo e harmonia? Está fácil de ler e entender? Parabéns. Vá em frente.

LIÇÃO 20

Forma positiva
e forma concreta

1. Quer livrar o leitor dos nãos? Salve-o de traumas trocando formas negativas por positivas:
   a. Maria não foi à aula porque não se sentiu bem pela manhã.
   b. Fique atento para não fazer feio na prova.
   c. O acusado não disse a verdade no tribunal.
   d. Não deixe de participar do desfile.
   e. O jogador não esconde a felicidade por ter sido convocado.
   f. José não confia nos irmãos.
   g. O doente não acorda há três dias.

2. Passe as frases do parágrafo para formas positivas:

   Não se esqueça: frases com palavras demais não são compreensíveis. Não escolha palavras difíceis e inco-

181

muns. Não acredite em quem diz que quanto maior é a redação maior é a nota. Não use formas negativas em seus textos. Assim, você não afasta o leitor.

3. Que tal convocar a criatividade? Troque as frases genéricas dos parágrafos por enunciados específicos:

   a. Três garotas chegaram à festa. Pegaram bebidas e desceram as escadas. Na pista, música e efeitos luminosos animavam a noite.

   b. Praias embelezam o cenário do estado. Boas estradas facilitam a locomoção dos turistas. Noitadas de música encantam os visitantes.

LIÇÃO 21

Declarações

1. Dizer é o verbo declarativo mais geral. Mas, repetido, cansa. Troque-o por outros que acrescentem significado ao período:

   a. "O governo está certo de que a crise mundial será uma marola no Brasil", disse o presidente Lula.

   b. "A polícia sabe onde a quadrilha está escondida", disse o delegado João Alves.

   c. Disse a vidente Mãe Leopoldina: "O ano terá mortes e mudanças econômicas".

   d. "Ventos fortes devem atingir a Califórnia, com risco de furacões", disse o meteorologista.

   e. "Uma coisa eu peço", disse padre Herculano. "Que Ele ilumine os estudantes na hora dos vestibulares e concursos".

2. Preencha as lacunas com verbos declarativos. Não vale repetir. Varie:

Diante da ameaça de surto na cidade, o médico José dos Santos ....: "É preciso cuidado especial com idosos e crianças". Ele .... nunca ter visto tantos casos da doença surgirem em uma semana. "A prefeitura teme que a doença se alastre", ... "Não temos leitos para mais pacientes." Diante do perigo, o prefeito pediu a ajuda da população: "É preciso manter a calma e dirigir-se ao posto de saúde mais próximo em caso de febre ou mal-estar".

3. De que outra forma as declarações podem ser escritas?

   a. Madre Teresa ensinou: "Para manter uma lamparina acesa, temos de pôr óleo dentro dela constantemente".

   b. "Um homem sábio cria mais oportunidades do que as encontra", disse Francis Bacon.

   c. "As pessoas que sabem se ocupar encontram tempo disponível enquanto as que nada fazem estão sempre com pressa", garantiu Jeanne-Marie Roland.

   d. Theodore Roosevelt aconselhou: "Faça o que puder, com o que tiver, onde estiver".

   e. "Ninguém pode construir uma reputação com base no que ainda vai fazer", alertou Henry Ford.

LIÇÃO 22

Carícia nos ouvidos

1. Que períodos respeitam a lei da harmonia?

   a. ( ) O jeito foi guardar para depois os tíquetes do cinema e a pipoca.

   ( ) O jeito foi guardar para depois a pipoca e os tíquetes do cinema.

   b. ( ) O chefe da Polícia Federal pediu cautela na busca de armas e na apreensão de drogas e dólares falsos.

   ( ) O chefe da Polícia Federal pediu cautela na apreensão de drogas e dólares falsos e na busca de armas.

   c. ( ) Minha esperança era vê-la alegre e livre da cadeira de rodas.

   ( ) Minha esperança era vê-la livre da cadeira de rodas e alegre.

   d. ( ) A estrada parece cheia de buracos e penhascos e perigosa.

   ( ) A estrada parece perigosa e cheia de buracos e penhascos.

2. Atenção ao quebra-cabeça. Cada trecho forma uma frase. Para acabar com a confusão, sua tarefa é colocar os pedaços em ordem e formar frases harmoniosas. Não esqueça das letras maiúsculas e dos pontos:

   a. disputam os céus/os pássaros/as potentes máquinas voadoras/e

   b. engenheiros/foram convocados para o trabalho/e/ programadores de som e vídeo

   c. a Veneza dos gondoleiros/Paris/e/estão na rota dos românticos

   d. pequenos helicópteros/ Ele pilota/e/os mais potentes jatos

3. Crie grupos de três itens para deixar as enumerações agradáveis aos olhos e aos ouvidos:

   a. Eles exibem as qualidades do carro: ....

   b. Na lista das mais belas cidades do mundo figuram ....

   c. .... são destaques da moda verão.

LIÇÃO 23

Xô, eco

1. Caneta na mão e ouvidos atentos. Reescreva as frases sem ecos. Seja criativo. Escolha palavras que não alterem o recado.

   a. Será um prazer poder rever amigos tão queridos.
   b. É a lembrança que alcança o coração dele.
   c. No Paquistão, a lava do vulcão assustou a população.
   d. O economista ressalta que a alta de preços não explica os juros que o banco cobra.
   e. Ela parte da premissa de que a preguiça nessa idade não interfere na maturidade.
   f. O prefeito reeleito disse que confiava na vitória no pleito.
   g. O suspeito ouviu a gravação que a polícia concluiu e garantiu tratar-se de engano.

2. Livre a redação dos ecos:

Tudo será como antes

A julgar pela plataforma eleitoral dos candidatos a presidente da Câmara e do Senado, não haverá mudanças no estilo de administração das duas casas. Temas polêmicos, como terceirização de servidores, verbas para indenização, apartamentos funcionais, cargos comissionados passaram ao largo do debate na campanha e na televisão. A negociação entre os partidos foi baseada em ligação política, barganha eleitoral, campanha de troca de cargos por votos.

O assunto verba indenizatória – a que paga as despesas com locomoção, gasolina, consultorias, propaganda – silencia as duas casas. A transparência nessa questão é ilusão. Senado e Câmara informam apenas o gasto individual mensal dos parlamentares com cada um desses itens.

Seria mais útil saber quem recebeu o dinheiro. Isso permitiria a fiscalização da imprensa e, principalmente, dos eleitores. Em anos anteriores, deputados usaram a gasolina paga pela Câmara para abastecer caminhões de suas empresas ou tratores de eleitores. Os gastos com consultoria permanecem uma incógnita. Afinal, quanto custa elaborar projeto ou parecer? Pode ser que tudo esteja sendo feito de forma correta, mas seria bom checar.

Caberá à imprensa, mais uma vez, fiscalizar e pressionar a direção das duas casas. No ano passado, o Senado chegou a colocar na pauta a discussão da criação do bolsa-chefia, adicional para quem exerce função. Detalhe: esses servidores já recebem gratificação. O presidente da Casa, Garibaldi Alves (PMDB-RN), caiu fora na última hora, pressionado pela mídia. Na Câmara, o presidente Arlindo Chinaglia (PT-SP) anunciou o benefício, mas também recuou depois que a imprensa o bombardeou. Uma coisa é certa: teremos muito trabalho. (*Correio Braziliense*, com adaptações)

LIÇÃO 24

Verbos-ônibus

1. Substitua os verbos-ônibus. Abra os olhos. Evite repetições:

    a. A avó disse histórias para os netos.
    b. O homem fez todas as tarefas do dia.
    c. A menina teve dificuldade nas provas.
    d. O policial viu o acidente.
    e. A gerente disse que a promoção irá até amanhã.
    f. Mulher teve trigêmeos.
    g. Deus fez tudo o que há na Terra.
    h. Ponha os fios nas ligações elétricas.
    i. Faça bolo com ovos bem frescos.
    j. Vi cena desagradável na casa de minha irmã.
    k. Segredos não devem ser ditos a ninguém.
    l. Ponha os joelhos no queixo.
    m. Os homens viam a beleza das mulheres na passarela.
    n. Eu faço diariamente as minhas tarefas escolares.
    o. Ponha as roupas no meu armário.

p. Eu já disse, por favor, para sair daqui.

q. A professora disse que verbos-ônibus devem ser evitados.

2. Preencha as lacunas sem usar verbos-ônibus.

a. O chefe .... que você pode ir embora.

b. Ele .... só 20 dias de férias.

c. Maria .... o cabelo para ir à festa.

d. .... o filme que está em cartaz nesta sala de cinema.

e. Por favor, ... papéis no lixo.

f. Estou .... uma música para a minha namorada.

g. Olhe para o lado e .... o que se passa ao redor.

h. O açougueiro .... que é carne de primeira.

i. O fazendeiro .... 300 alqueires de terra.

LIÇÃO 25

Companhias amigas e inimigas

1. Escolha as frases em que os adjetivos merecem nota 10:
   a. ( ) Escolha cores maravilhosas para pintar as paredes do quarto do bebê.

   ( ) Escolha branco, marfim ou pêssego para pintar o quarto do bebê.

   b. ( ) O diretor da tevê selecionou programa espetacular para as noites de domingo.

   ( ) O diretor da tevê selecionou programa informativo para as noites de domingo.

   c. ( ) O Ceará tem belas praias.

   ( ) O Ceará tem praias limpas, com água verde e areia branca.

   d. ( ) Ela escreve livros ótimos.

   ( ) Ela escreve livros de suspense.

   e. ( ) A Seleção Brasileira é pentacampeã.

   ( ) A Seleção Brasileira é esplêndida.

   f. ( ) O relatório mostra uma Amazônia melhor.

   ( ) O relatório mostra uma Amazônia preservada.

2. Seja econômico. Exclua advérbios que sobram nas frases:
   a. De repente, os dois entraram literalmente na sala aos berros.
   b. De fato, as notícias da crise são preocupantes.
   c. Os resultados, na verdade, só dependem de você.
   d. A internet caiu definitivamente no gosto do brasileiro.
   e. Decididamente, português é minha matéria predileta na escola.
   f. O jogador brasileiro não vai, de modo algum, ficar fora do campeonato.

3. Leia o texto. Faltou informação? Troque adjetivos imprecisos por adjetivos informativos:

Dubai vira paraíso de arquitetos e endinheirados

Para arquitetos, Dubai é paraíso no deserto. Dinheiro para projetos espetaculares não falta. A cidade é quase toda canteiro de obras. Entrecortada por impressionantes avenidas, Dubai é um dos sete emirados árabes reunidos desde 1971, dois anos após a descoberta de petróleo na região. Emirado é um Estado governado por emir, título de soberanos muçulmanos.

Com a riqueza do petróleo, os dirigentes estão fazendo do simples posto de mercadores um incrível centro de comércio e turismo no Oriente Médio. Construíram e financiaram edifícios e hotéis indescritíveis, lançaram competições esportivas internacionais e criaram áreas para visitantes. Aos turistas à procura de novas emoções, oferecem esqui na neve com temperatura externa que beira os 50 graus ou passeios nas dunas do deserto para usufruir o melhor dos beduínos.

(*Folha de S.Paulo*, com adaptações)

LIÇÃO 26

Os indesejados

1. Que artigos sobram nas frases?

   a. Depois de sofrer umas contusões, o presidente Lula preferiu apitar umas partidas de futebol em vez de jogar.
   b. Um artigo indefinido que ocupe um espaço desnecessário deve ser retirado da frase com uma grande urgência.
   c. Ele precisava de apenas uma chance para descobrir onde os amigos tinham guardado uns documentos importantes.
   d. Uns bombons e umas balas a mais tiram qualquer um da dieta.

2. Marque as alternativas com artigos penetras:
   ( ) Ele costuma quebrar uns galhos para os amigos.
   ( ) Chapeuzinho Vermelho colhia umas frutas quando viu o lobo.
   ( ) José é um dos convidados mais importantes da festa.
   ( ) Ela é uma doceira de mão cheia.

193

3. Um, umas, uns, umas, todos os e todas as, em geral, são penetras no texto. Analise as frases em que aparecem e jogue fora os que sobram:

A hora da verdade

A posse de Barack Obama ocorre cercada de umas expectativas inéditas na história recente dos Estados Unidos. Eleito sob o signo da mudança, o novo presidente promete uma guinada de 180 graus na visão de mundo da maior potência do planeta. Um fato de relevância universal é a admissão de que as alterações climáticas decorrem das obras do homem. Podem, por isso, ser contidas. Passando das palavras aos atos, ele nomeou uma equipe de alto nível para cuidar do assunto. Com a medida, acendeu todas as esperanças de que providências serão tomadas contra a emissão de gases que envenenam o meio ambiente.

Obama terá de corrigir todos os estragos feitos pelo antecessor que deixaram umas marcas difíceis de apagar em quatro anos de mandato. George W. Bush pisou a ordem internacional representada pela ONU. Impôs o poder militar americano como um instrumento para criar regras em que Washington figurava como dono do campinho e da bola. Deu no que deu. O país se afundou no lamaçal do Iraque, gerou um espírito antiamericano jamais visto e acendeu uma onda de terrorismo que assusta todos os cinco continentes.

A doutrina dos "ataques preventivos" de Bush comprometeu profundamente a imagem dos Estados Unidos. Admirado como um defensor dos direitos humanos e direitos individuais arduamente conquistados, o país passou a ser visto como um vilão de todas as liberdades. Obama terá de dar respostas capazes de recompor a reputação nacional. Promete fechar a prisão de Guantánamo, em Cuba, retirar paulatinamente todas as tropas do Iraque e pôr fim à prática de espionar cidadãos norte-americanos.

Um governo que se diz de mudanças precisa apresentar respostas novas para velhos conflitos. Entre eles, a criação do Estado palestino, a solução diplomática para o programa nuclear iraniano, a revisão do bloqueio a Cuba, a guerra do Afeganistão. Obama, ao contrário de Bush, sabe que necessita de uns aliados. Precisa reconstruir todas as pontes com a comunidade internacional para buscar umas saídas sustentáveis e inovadoras. O respaldo da ONU e da União Europeia faz parte da visão de mundo proposta pelo presidente que comandará a Casa Branca.

Ao mesmo tempo em que se vê diante de uma pauta recheada de desafios externos, Obama tem de fazer frente a um desafio interno sem precedentes nos últimos 60 anos. A crise financeira que nasceu nos Estados Unidos e se espalha mundo afora quebra empresas, rouba empregos, aumenta a pobreza, põe em risco poupanças e aposentadorias. Contê-la será a principal ocupação do democrata neste primeiro ano de governo.

LIÇÃO 27

Seu? De quem?

1. Qual das frases é clara como a luz do dia?
   a. ( ) Lula garantiu aos parlamentares que o seu esforço levaria à aprovação da reforma da Previdência Social.

   ( ) Lula garantiu aos parlamentares que o esforço deles levaria à aprovação da Reforma da Previdência.

   b. ( ) "Saia logo daí", disse Marcos ao seu irmão.

   ( ) "Saia logo daí", disse Marcos ao irmão.

   c. ( ) Para os soldados, o esforço deles fará o país vencer a guerra.

   ( ) Para os soldados, o seu esforço fará o país vencer a guerra.

   d. ( ) Este capítulo é tão importante para os alunos que suas questões serão matéria de prova.

   ( ) Este capítulo é tão importante para os alunos que as questões dele serão matéria de prova.

2. Reescreva as frases para garantir a clareza das mensagens:
   a. Marcos feriu seu joelho esquerdo no jogo contra seus irmãos.
   b. O padre lembrou às paroquianas que devem levar seus filhos à missa.
   c. Calçou seus sapatos e saiu.

3. Retire os pronomes possessivos que sobram. Se preciso, reescreva o trecho para dar-lhe clareza:

> No seu primeiro dia de trabalho, a secretária não gostou da sua mesa e da sua cadeira. A próxima desilusão veio com a chegada do seu chefe, que não lembrava mais seu nome. E se passara apenas um dia da sua entrevista de admissão. Seu desagrado não parou por aí. Os colegas chegaram e sequer deram bom-dia.

LIÇÃO 28

O mal-amado

1. Sobram quês nas frases. Elimine-os sem dó:

   a. O homem que dirigia o ônibus foi atingido por uma bala perdida.

   b. Essas são as ferramentas que estão à disposição de todos.

   c. Os cachorros, que são tidos como os melhores amigos do homem, ganharam centros de estética.

   d. A moça que dançava não foi reconhecida pelo público.

   e. Mônica, que foi criada há mais de 30 anos por Mauricio de Sousa, ainda encanta as crianças.

   f. Ninguém esperava que o violino fosse consertado.

   g. Todos souberam que Maria deu vexame.

   h. Ela quer que o vendedor diga que ela tem razão.

   i. Depois que o jantar acabar, seguirei para o aeroporto.

   j. A mãe do acusado garante que vai procurar provas que o inocentem.

   k. Ele é o homem que dizem que é o pai da criança.

2. Limpe o parágrafo dos quês desnecessários.

> Depois que a família chegou, Madalena não teve mais sossego. Sempre dizia que tinha saudade, mas mudou de ideia na primeira confusão. A sogra, que era fo-foqueira e brigona, não perdeu tempo. Uma semana depois do dia em que chegou, estava famosa no bairro. Nem o padre, que era quase um santo, aguentou os desaforos que ela disse.

LIÇÃO 29

Dizer o que é sem tirar nem pôr

1. Que tal escrever frases com definições? Lembre-se da estrutura a ser seguida. Termo, cópula, gênero, diferenças:

    a. Democracia é ....
    b. Educar é ....
    c. Sociedade é ....
    d. Ecossistema é ....

2. Faltam frases aos parágrafos. Complete-os com definições:

    a. Chega o verão e, com ele, o perigo de mais um surto de dengue. Transmitida por mosquito, a dengue é .... Por isso, impõem-se medidas contra o contágio.

    b. Os brasileiros aprenderam a não se expor ao sol como antes. Fogem dos horários de pico de calor nas praias. Mas derrapam na hora de escolher o protetor solar. Marcas, preços e números se misturam na cabeça do consumidor, que ainda não entende bem o que é fator de proteção solar. Chamado de FSP ou FS, ele é ....

LIÇÃO 30

Lé com lé, cré com cré

1. Assinale as frases em que os termos estão paralelos:

   a. ( ) Os trabalhadores precisam assegurar o poder de compra dos salários e que sejam garantidas as conquistas trabalhistas.

   ( ) Os trabalhadores precisam assegurar o poder de compra dos salários e a garantia das conquistas trabalhistas.

   b. ( ) A escassez de água pode levar à morte de populações inteiras e que se formem bolsões de aridez no planeta.

   ( ) A escassez de água pode levar à morte populações inteiras e à formação de bolsões de aridez no planeta.

   c. ( ) Para muitos educadores, a escola tem como objetivos ensinar conteúdos e indicar caminhos para o desenvolvimento da cidadania.

   ( ) Para muitos educadores, a escola tem como objetivos ensinar conteúdos e que os alunos caminhem para o desenvolvimento da cidadania.

d. ( ) Os ambientalistas querem que a Amazônia tenha mais policiamento e o restante da mata atlântica seja preservado.

( ) Os ambientalistas querem mais policiamento na Amazônia e que o restante da mata atlântica seja preservado.

e. ( ) Os países da Europa esperam que cheguem ao fim as turbulências na economia americana e a retomada das exportações.

( ) Os países da Europa esperam o fim das turbulências na economia americana e a retomada das exportações.

2. Reescreva as frases de olho no paralelismo:

a. Estudantes pedem fim da greve e que as notas sejam revistas.

b. Previsão é que faça sol à tarde e chuva para a noite.

c. Ele deseja comprar um par de tênis e que tenha dinheiro também para os presentes.

d. A vida parecia mar de rosas e que festejar seria eterno.

3. Em que período o "e que" deve ser recebido com tapete vermelho e banda de música?

a. ( ) O presidente reafirmou sua missão e que vai aprovar as reformas este ano.

( ) O presidente reafirmou que tem missão a cumprir e (que) vai aprovar as reformas este ano.

b. ( ) Representantes da ONU querem que seja assinado acordo de paz e que árabes e judeus garantam a execução.

( ) Representantes da ONU querem assinatura de acordo de paz e que árabes e judeus garantam a execução.

c. ( ) É melhor fazer o levantamento dos bens e que a partilha demore poucos meses.

( ) É melhor que seja feito levantamento dos bens e (que) a partilha demore poucos meses.

d. ( ) Eleições garantem continuidade da democracia e que o povo seja legitimamente representado.

( ) Eleições garantem que a democracia continue e (que) o povo seja legitimamente representado.

4. Reescreva os períodos. Deixe o *que* e o *e que* nos devidos lugares:

a. Prefira boas recordações. Lembrar-se das brigas do irmão pequeno e que o primo era chato demais ocupa o mesmo espaço na mente e no coração que se lembrar de festas em família, Natais com brinquedos novos e primeiras namoradas. Não esqueça: o tempo passa rápido e que a vida é uma só.

b. É inadmissível que torcidas continuem em guerra dentro e fora dos estádios. As polícias precisam de atitudes definitivas, tendo em vista a continuidade do futebol e que cada vez menos torcedores legítimos vão aos jogos. Brigas são causadas por baderneiros fazendo de torcedores vítimas e que acabam não identificados.

LIÇÃO 31

Casaizinhos fiéis

1. Complete as frases para formar casaizinhos:

    a. A loja funciona _ 8h às 22h.
    b. De segunda _ quinta, o rodízio é mais barato.
    c. Foi de Paris _ Madri de carro.
    d. O preço do quilo do pãozinho varia de R$ 5,00 _ R$ 6,00.
    e. Leu da página 25 _ 70 em algumas horas.
    f. Trabalha de segunda _ sexta, _ 9h às 13h e _ 15h às 19h.

2. Reescreva os parágrafos. Ajuste os pares para formar casais que não briguem.

    a. A viagem foi longa, de 10 de maio à 25 de junho. Mas valeu a pena. Conhecemos a Europa de norte à sul. Começamos por Portugal e de lá fomos à Itália. Alugamos um carro para irmos de Roma à Paris. Depois disso, foram muitos voos, alguns da meia-noite as 5h porque são mais baratos. Assim, cruzamos vários países e chegamos à Dinamarca.

b. O tempo de funcionamento das padarias é longo. Os padeiros chegam às 3h e assam a última fornada entre as 20h e as 21h. Nesse período, produzem de pães a sofisticadas receitas francesas. O público, que varia de 500 à 800 clientes por dia, come muito. São gastos mais de 300 quilos de farinha na produção. A padaria funciona, nos dias úteis, da segunda a sexta, das 5h as 22h, e em finais de semana, das 6h as 20h.

LIÇÃO 32

Cruzamentos sintáticos

1. Escolha as alternativas corretas:

a. ( ) À medida que avança na dieta, Maria perde peso, pratica mais esportes e se alimenta com moderação.

( ) À medida em que avança na dieta, Maria perde peso, pratica mais esportes e se alimenta com moderação.

b. ( ) A água do planeta segue ameaçada na medida em que o desperdício ainda é hábito da população.

( ) A água do planeta segue ameaçada à medida em que o desperdício ainda é hábito da população.

c. ( ) Ela estuda mais à medida que o exame se aproxima.

( ) Ela estuda mais à medida em que o exame se aproxima.

d. ( ) Um país torna-se sustentável à medida em que necessidades do povo podem ser supridas por produção e exportação de bens e serviços.

( ) Um país torna-se sustentável à medida que necessidades do povo podem ser supridas por produção e exportação de bens e serviços.

e. ( ) A gripe dos idosos foi controlada na medida em que o governo ofereceu vacina gratuitamente.

( ) A gripe dos idosos foi controlada na medida que o governo ofereceu vacina gratuitamente.

2. Preencha as lacunas das frases com "na medida em que" ou "à medida que":

a. .... a obra andava, era mais fácil ver como a casa seria.

b. A empresa construiu soluções .... acreditou no potencial dos funcionários.

c. O mundo acordou para a importância da preservação do planeta .... o aquecimento global se tornou perceptível em diversos pontos do globo.

d. .... o buraco na camada de ozônio ia aumentando, pessoas sentiam na pele o perigo que vem dos raios solares.

e. Eles decidiram casar-se .... viver separados custava mais que juntar os trapos.

3. Marque os pares que respeitam a fidelidade conjugal:

a. ( ) Seja na segunda ou na quarta, o teste será aplicado.

( ) Seja na segunda, seja na quarta, o teste será aplicado.

b. ( ) Quer faça sol, quer chova, o mercado fica lotado aos sábados.

( ) Quer faça sol ou chova, o mercado fica lotado aos sábados.

c. ( ) Ora com o marido, ora com o amante, a personagem desfila serenamente pelos capítulos do romance.

( ) Ora com o marido, ou com o amante, a personagem desfila serenamente pelos capítulos do romance.

d. ( ) Ou com ele, ou sem ele, o time vai entrar em campo para vencer de goleada.

( ) Seja com ele, ou sem ele, o time vai entrar em campo para vencer de goleada.

4. Preencha as lacunas para formar pares que completem as frases:

a. .... em São Paulo, ... no Rio, as questões de segurança pública preocupam.

b. .... em setembro, ... em outubro chuvas chegam e põem fim à seca no Centro-Oeste.

c. .... você queira, ... não, o casamento dos dois é certo.

d. .... loira, ... morena, ela sempre ganha os melhores papéis de Hollywood.

LIÇÃO 33

Enumeração paralela

1. Identifique as enumerações que respeitam o paralelismo:

   a. ( ) São funções do Banco Central:
      1. emitir moeda; e
      2. fiscalizar o sistema financeiro.
   b. ( ) Bata as claras em neve e acrescente as gemas. Colocar tudo no liquidificador e bata em velocidade mediana.
   c. ( ) Para ser bom estudante, é preciso ter organização nas leituras, fazer as tarefas com dedicação e nunca copie trabalhos da internet.
   d. ( ) As medidas do governo federal querem garantir geração de empregos, elevar os índices de estabilidade e aumentar a renda média do trabalhador.
   e. ( ) Desejo aos noivos amor eterno, saúde para gozar uma vida de felicidade e fartura na manutenção da família.

2. Reescreva os trechos com paralelismo:

a. O uso inadequado da água está ligado a fatores como construções irregulares, faltar planejamento das cidades e as pessoas não terem consciência das reais necessidades de consumo. Por a água ter sido vista durante muito tempo como um bem infinito, populações não tiveram educação para utilizá-la racionalmente. A correção do erro será feita nas próximas décadas: racionalização e reaproveitamento.

b. Um bom dia deve ter refeições saudáveis. Pela manhã, consuma frutas e laticínios. No almoço comer proteínas, amido, verduras e frutas. Lembrar dos cereais e de mais frutas e laticínios à tarde. Faça refeição leve à noite. Assim, você garante diversidade, equilíbrio e fica em forma.

c. Quer fundar um grupo de estudos? A receita é fácil. Reúna-se com amigos comprometidos e que gostem de leitura e debates. Evitar os que adoram arrumar confusão. Eleja um tema que agrade a todos. Marcar reuniões semanais ou quinzenais e forme grupo para conversas na internet. A cada encontro, um membro fica encarregado de propor a leitura e dirige a reunião posterior. Está pronto o trabalho que certamente levará aos envolvidos alegria e conhecer assuntos.

LIÇÃO 34
Os fora de moda

1. Livre as frases dos chavões. Dê a elas ares de banho tomado e cara nova:
   a. Os soldados do fogo trabalham no resgate das vítimas.
   b. Sob sol escaldante, governantes visitaram a obra faraônica.
   c. Os alunos deram o pontapé inicial ao ano letivo.
   d. Pediu licença para uma crítica construtiva.
   e. A Polícia Federal desbaratou quadrilha internacional de traficantes.
   f. Ele fez mais um gol e fechou com chave de ouro a participação no campeonato.

2. Agora, limpe os parágrafos cheios de clichês.

   Do Oiapoque ao Chuí, o Brasil esbanja beleza. Mesmo quem não morre de amores por praia e calor escaldante, encontra diversão e lazer no país. Os turistas têm à disposição eventos culturais, parques e aventuras de tirar o chapéu.

   Os vizinhos argentinos foram os maiores fregueses por anos. Quando atravessaram a crise financeira, nós tomamos uma ducha de água fria. O Ministério do Turismo não perdeu o bonde da história e buscou outros mercados.

   Europeus e norte-americanos descobriram nossos paraísos. O turismo parecia dormir em berço esplêndido. Agora, a crise mundial caiu como uma bomba sobre nossa hotelaria.

LIÇÃO 35

Para essa lição não há exercícios.

Respostas

LIÇÃO 1
Mandar recados

1.

a. Infelizmente, não vou à nossa festinha de sábado porque marquei viagem. É aniversário da minha mãe. Quero vê-la e dar-lhe um presente. Diga aos amigos que estou com saudade. Prometo não faltar ao próximo encontro.

b. Papai, preciso de aumento da mesada porque os preços subiram muito. Com 20% mais, posso ir ao cinema e pagar a entrada de uma festa, um show, algo que eu queira ver. Com o dinheiro que recebo hoje, pago só o transporte e os lanchinhos. Por favor, pense com carinho.

c. Meu amor, não é o que você está pensando. Eu nem conheço essa garota. Bia é amiga de Paulo. Foi ele quem deu meu nome e endereço de Orkut para ela. Estávamos na festa do fim de semana em que você viajou, mas eu não fiquei com ela. Acredite em mim.

d. Como vou estar fora nos próximos cinco dias, peço que meu jornal seja destinado, nesse período, ao pessoal de manutenção do prédio. Quem quiser pode levá-lo para casa. Só lembro, por favor, que os exemplares não devem ser deixados à porta do apartamento.

2.

a. Ontem, acidente com um carro, um ônibus e uma moto deixou dois mortos e dois feridos. Segundo a polícia, a moto vinha em alta velocidade quando cruzou o semáforo fechado. Para desviar dela, ônibus e carro se chocaram no sentido contrário.

b. Na apresentação que fez em São Paulo, Elton John cantou músicas do repertório dos anos 1980 e 1990. Ao piano, no palco montado no Anhembi, prometeu lançar um disco até o ano que vem.

c. A Polícia Federal prendeu juiz da Região Sudeste depois de seis meses de investigação. Grampo telefônico levou ao flagrante.

3.

Eduardo e Mônica se conheceram em uma festa. Ele, com 16 anos, fazia cursinho. Ela estava na faculdade de medicina. Embora muito diferentes, passaram a se encontrar e começaram o romance. Eduardo amadureceu e entendeu assuntos de que Mônica, pra lá de intelectualizada, não se cansava de falar.

Apesar das dificuldades, o namoro engatou. Eles se casaram e tiveram três filhos. Há cerca de dois anos, na época em que Mônica deu à luz gêmeos, terminaram a construção da casa. A família voltou a morar em Brasília. Neste verão, não vão viajar porque o filho mais velho de Eduardo e Mônica está em recuperação.

LIÇÃO 2

Encontrar o caminho

1.

a. (X) Por que os Estados Unidos atacaram o Iraque?

a. (X) Má alimentação e sedentarismo atacam desde a infância.

b. (X) Estudantes têm de pesquisar em vez de copiar.

2. Sem resposta definida. Exercício de livre escolha.

3.

a. Filhos do descaso nas metrópoles
   Onde nasce a marginalidade
   É preciso ação dos governos

b. O continente acorda para o século 21
   Berço da nossa arte
   A dura herança deixada pelos exploradores

c. O bem maior está ameaçado
   A riqueza da vida submersa
   Fonte de paz e relaxamento

d. O país revelado nos Jogos Olímpicos
   Meio comunista, meio capitalista
   Desponta a potência do século 21

LIÇÃO 3

O leitor é quem manda

1.

a. (X) Com o estudar mais em menos tempo.

2.

a. Obras irregulares, erguidas em Brasília nas últimas décadas, podem pesar na decisão da Unesco de tirar da capital o título de Patrimônio Cultural da Humanidade. A razão: o governo não controla as construções como deveria, o que revolta a população.
b. Brasília corre risco de perder o título de Patrimônio Cultural da Humanidade. Segundo a Unesco, órgão responsável pela titulação, construções irregulares podem ter comprometido o conjunto das obras de Niemeyer e Lucio Costa, que assinam o projeto original da capital. Significa que a governo do Distrito Federal não cuidou como deveria da preservação da cidade, fator de revolta da população.
c. Brasília está ameaçada de perder algo muito importante. Ela pode sair da lista da Unesco de patrimônios da humanidade. Se provarem que a capital perdeu as características originais, o título cai. Com certeza, a população culpará o governo do Distrito Federal pelo problema.

3.

Querida mamãe,
Como eu havia dito, minhas notas continuam ótimas. Estou namorando firme e estudando redação para passar em um concurso. Tudo corre muito bem.
Tenho saudade, um beijo.

Amiga,
Nunca pensei que minhas notas pudessem ser tão baixas. Estou no fundo do poço. Só o que pode me salvar é esse concurso. Por isso, estou estudando redação como louca. O namoro está daquele jeito. Continuo na paquera com o cara do elevador. Pelo menos minha família não está perto para dar palpite.
Um cheiro.

Cara tia Catarina,
Como estão as coisas? Aqui, tudo corre muito bem. Em especial o que diz respeito a estudos e namoro. Espero que todos estejam com saúde e alegria.
Um abraço.

LIÇÃO 4

Aonde você vai?

1.

(d) Relacionar o desenvolvimento tecnológico com a inclusão de milhares de pessoas no sistema educacional brasileiro.

(e) Provar que tão importante quanto participar da eleição é analisar a carreira dos candidatos e fiscalizar o cumprimento das promessas.

(a) Analisar como a mídia atropela a individualidade e padroniza a beleza.

(c) Defender a educação em prol da reciclagem.

(b) Lembrar que a prática esportiva regular é uma das prescrições médicas para o bom funcionamento do organismo.

2.

a. 1. Demonstrar que as drogas prejudicam a saúde.

2. Expor os diferentes tipos de drogas.

3. Demonstrar que é possível curtir a vida sem drogas.

b. 1. Defender a importância de o Brasil policiar as fronteiras da Amazônia.

2. Sugerir formas de preservação do patrimônio natural como solução sustentável para os povos da Amazônia.

3. Demonstrar que acabar com a devastação da mata tem de ser um pacto social firmado entre governos e população.

c. 1. Explicar por que a exposição ao sol, especialmente em regiões muito quentes e na hora de pico do calor, constitui risco à saúde.

2. Enfatizar a importância do uso do protetor solar.

3. Dar exemplos de doenças que podem ser desenvolvidas pela exposição ao sol.

d. 1. Demonstrar a importância de o trabalhador ter o registro profissional.

2. Enumerar direitos e deveres de trabalhadores e patrões.

3. Explicar que todos ganham com o cumprimento das leis trabalhistas.

LIÇÃO 5

Como criar ideias

1.

a. 1. Estresse é falta de planejamento.

2. É preciso aproveitar bem as aulas.

3. O pré-vestibulando tem de praticar esportes, namorar, ir a festas e ao cinema; ter alimentação adequada; pular o carnaval; comer muito; dormir oito horas por noite.

b. 1. A aposentadoria do trabalho não significa aposentadoria de mãos, pés e cabeça.

2. Há muitas atividades para pessoas que já passaram dos 65 anos, como grupos de estudo, viagens, atividades com crianças, trabalhos sociais.

3. A atividade física é importante. Mas não deve ser vista como tortura. Escolha a que mais lhe dá prazer: caminhada, musculação, hidroginástica, natação.

c. 1. Escrever é habilidade como nadar, datilografar, ler, saltar.

2. Importância do treino: ninguém, sem treinar muito, consegue atravessar uma piscina a nado, dar 300 toques por minuto, saltar 5 metros, escrever um texto com unidade, coerência e ênfase.

3. Como treinar.

d. 1. Falar, como escrever, é habilidade – melhorar depende de treino.
   2. Exemplos de pessoas que, graças ao treino, venceram as dificuldades. O principal deles: Demóstenes, Pai da Oratória. Ele venceu até a gagueira.
   3. Como melhorar a expressão oral.
e. 1. O transporte coletivo é ruim, caro e lento. Essa realidade obriga o brasiliense a andar de carro. Por isso a cidade tem um carro para cada quatro moradores.
   2. Problemas da falta de moradia, fiscalização deficiente e conivência de autoridades transformaram a capital em uma grande invasão. O desafio é frear o processo e encontrar formas de regularizar terras ocupadas irregularmente.
   3. Diversos fatores aumentam a violência no Distrito Federal. Um: inchaço da cidade. Dois: falta de oportunidade de trabalho. Três: crescimento do consumo de drogas.
f. 1. Crescimento desordenado resulta em pouca qualidade de vida.
   2. Crescimento planejado pressupõe escolas, serviços e moradia para todos. Avenidas planejadas suportam melhor o tráfego intenso.
   3. É importante planejar ecologicamente as cidades.
g. 1. Álcool causa dependência. Mesmo assim, bebidas alcoólicas têm propagandas e venda permitidas. Não se leva em conta que alcoolismo tem tratamento difícil e caro para famílias e governos.
   2. Muitos ídolos jovens bebem em público, o que incentiva o alcoolismo.
   3. Bebidas alcoólicas são vistas como um motivador de festa e alegria. Para muitos, não beber significa ser chato.

2.

a. Tema: pequenos delitos.
Leitor: assinante do *Correio Braziliense*.
Delimitação do tema: na cidade ocorrem muitos delitos ignorados pelas autoridades.
Objetivo: demonstrar a existência de delitos leves praticados livremente na cidade.
Ideias do desenvolvimento:

1. Autoridades se preocupam em combater grandes delitos e toleram os pequenos.
2. Exemplos de pequenos delitos: furtos em esquinas, camelôs que invadem ruas, flanelinhas que obrigam motoristas a pagar por estacionamento em vias públicas.
3. Onda de infrações leves compromete imagem da cidade. É mais um desafio para a segurança pública.

b. Tema: bioma do Rio Grande do Sul.

Leitor: leitor de jornal.

Delimitação do tema: plantação de eucaliptos no Rio Grande do Sul é preocupação ambiental.

Objetivo: mostrar ameaça causada ao meio ambiente por plantações de eucalipto.

Ideias do desenvolvimento:
1. Primeiro foi arroz, depois soja e agora são eucaliptos. Vem do interesse da indústria de celulose a ameaça ao meio ambiente nos pampas.
2. Para ambientalistas, pode haver mudança climática.
3. Como só 2,7% do bioma está preservado por lei, ambientalistas pedem criação de mais áreas de proteção.

c. Tema: agrotóxicos.

Leitor: público adulto em geral.

Delimitação do tema: agrotóxicos causam doenças e êxodo rural.

Objetivo: Identificar processo que obriga produtores rurais a usarem agrotóxicos muitas vezes letais.

Ideias do desenvolvimento:
1. Agrotóxicos chegam a levar trabalhadores rurais, agricultores e boias-frias à morte por contaminação.
2. Esses produtos caem em lençóis freáticos e envenenam famílias de trabalhadores.
3. Redes montadas por multinacionais fabricantes de venenos proibidos no Primeiro Mundo, atravessadores e intermediários obrigam produtores a usar agrotóxicos caros e letais. Resultado: empobrecimento e êxodo rural.

d. Tema: água.

Leitor: colegas de classe.

Delimitação do tema: água, maior bem do planeta.

Objetivo: mostrar que cuidados com a água são urgentes e importantes.

Ideias do desenvolvimento:
1. Crescem poluição e desperdício de água.
2. Todas as sociedades precisam se engajar na luta pela preservação desse bem.
3. Água é bem finito.
e. Tema: moda.
Leitor: examinador do concurso.
Delimitação do tema: escravidão da moda
Objetivo: informar que a moda deve ser aliada e não madrasta.
Ideias do desenvolvimento:
1. Moda pode servir como guia para estilo próprio.
2. Moda não deve ser fator de inclusão e exclusão social.
3. A moda das passarelas é para poucas. A mulher comum vê tendências nas ruas.
f. Tema: guerra de torcidas.
Leitor: amigo fanático por futebol
Delimitação do tema: estádio virou campo de guerra.
Objetivo: analisar guerra de torcidas como forma de manipulação.
Ideias do desenvolvimento:
1. Quem incentiva guerra entre torcidas fica longe das arquibancadas.
2. Arriscar-se em torcida organizada não compensa.
3. O âmago do esporte é competividade, não fim do adversário.

LIÇÃO 6

Escrever é pensar

1.

a. **Lição da Igrejinha**

A destruição de azulejos da Igrejinha choca, mas não surpreende. O patrimônio cultural de Brasília não constitui uma ilha no arquipélago brasileiro. Ao contrário. Padece dos mesmos males que atacam a herança artística nas demais unidades da Federação. Constitui quase rotina na imprensa a divulgação de roubo de obras de arte, infiltração em prédios tombados, desaparecimento de livros ou páginas de livros raros, incêndio em igrejas de séculos passados, quebra de vitrais, imagens de santos, tetos, móveis e pisos de joias do barroco, renascimento ou modernismo nacionais e estrangeiros.

Não faltam explicações para o descaso. O primeiro, sem dúvida, é o subdesenvolvimento. Países cuja população luta por acesso a moradia, trabalho, alimentação, saúde, educação e saneamento básico não veem o legado dos antepassados como algo a preservar. Muitos, ao se referirem a arquivos, antiguidades ou construções históricas, fazem-no com desdém. Consideram desperdício os recursos gastos na restauração ou manutenção de bens cuja função não lhes parece imediata ou próxima a suas necessidades prementes.

Os governos, obrigados a administrar a escassez, relegam o patrimônio a segundo, terceiro ou quarto plano. Sem pressão social, torna-se permanente o que deveria ser medida emergencial com data para bater ponto final. Resultado: a deterioração aumenta e cresce o risco que ronda obras delicadas que precisam de cuidados especializados para evitar os malefícios da ação do tempo. É preocupante e empobrecedor. O acervo acumulado ao longo dos anos conta mais do que a aparência exibida. Ele fala de ideais e sonhos que construíram a nacionalidade – que torna cada povo singular e, por isso, digno do interesse de outros.

Brasília deveria fugir à regra. Com menos de 50 anos, foi a primeira cidade moderna a receber o título de Patrimônio da Humanidade. Esperava-se que a vanguarda exibida na arquitetura e no traçado contagiasse os administradores. Não é, porém, o que se viu ao longo das décadas. A Catedral, a Torre de TV, o Teatro Nacional, o Panteão da Independência, a Praça dos Três Poderes e tantos outros monumentos pedem socorro. Impõem-se mudanças. O fogo da Igrejinha, além de alerta, pode impulsionar medidas de recuperação do patrimônio sempre adiadas. Entregar à cidade os monumentos restaurados talvez seja o melhor presente dado à população no cinquentenário da capital da República.

b. **Arma nas mãos**

A história se repete com monotonia. Ano após ano, o balanço de acidentes nas estradas registra números ascendentes. Neste fim de 2008 e início de 2009, o enredo não mudou. Divulgados pela Polícia Rodoviária Federal, os números da Operação Fim de Ano, em vigor de 20 de dezembro a 4 de janeiro, demonstram com clareza que muito ainda precisa ser feito para que o asfalto não mate nem aleije.

O balanço assusta e, ao mesmo tempo, causa indignação. Foram 7.140 acidentes nos 61 mil quilômetros das rodovias federais. O saldo: 435 mortos e 4.795 feridos. Pelos autos de infração, é possível concluir que a tragédia não se deve a imperfeições no asfalto, iluminação ou sinalização. Deve-se, sobretudo, a falhas humanas. Das 171.265 violações, 99.435 tiveram como causa o excesso de velocidade; 1.043, embriaguez. O levantamento de multas manuais atingiu a cifra dos 70.787. Somado às eletrônicas, o número cresce.

Irresponsabilidade e imprudência de motoristas são os grandes vilões das rodovias. O período abrangido pelo levantamento cobra preço alto não só dos infratores, mas também das vítimas que eles fazem. Fim de ano coincide com férias escolares e viagens de encontro de famílias cujos membros estão espalhados. O custo elevado das passagens aéreas e o aumento da frota de automóveis em mais de 14% em relação a 2007 tornaram as estradas mais disputadas.

Mais: a chuva abundante que tradicionalmente cai no início do verão contribui para agravar o vaivém no asfalto. Em suma: a realidade impõe mais cuidado ao volante. Não é, porém, o que se registra. A repetição das estatísticas incivilizadas exige medidas corretivas. Elas passam necessariamente por duas vias. Uma é a repressão. Nenhum motorista deve apostar na impunidade. O condutor precisa ter consciência de que a infração não passará despercebida e, consequentemente, terá de pagar por ela. Sabe-se, porém, que a mudança de comportamento não se faz por decreto.

Exige, de um lado, rigor na fiscalização e, de outro, campanhas educativas. O Brasil tem larga experiência em mobilizações populares. As campanhas de vacinação nacionais servem de modelo para a Organização Mundial da Saúde. Por que não abraçar a causa do trânsito? Acima de governos e partidos, deve imperar o respeito à vida. Adultos, crianças e idosos têm de ter garantido o direito de ir e vir com segurança – seja na qualidade de pedestres, seja na de motoristas. O reconhecimento do limite do próprio direito e do direito dos demais é condição para sentar-se no banco de motorista. Ao ligar a chave de ignição, o condutor precisa ter uma certeza: ele tem uma arma nas mãos.

LIÇÃO 7

O parágrafo

1.

(c) O tráfego intenso e a falta de sinalização ao longo dos leitos aliam-se ao descaso decorrente de falhas flagrantes na fiscalização. Batidas de barcos e número excessivo de passageiros a bordo são ocorrências corriqueiras. A certeza da impunidade é tal que homens e mulheres pegam o transporte no meio do rio, com a embarcação em movimento. Sobram portos clandestinos. Bagagem espalhada pelo chão dificulta o acesso às saídas de emergência (quando existem). E a população que precisa ir e vir corre sério risco ao exercer o direito assegurado pela Constituição.

(a) Com isso, volta à tona o debate sobre o vestibular como a principal forma de ingresso na universidade. E não são apenas os cansados estudantes do ensino médio ou de cursinhos que acham o teste forma injusta de seleção. Especialistas propõem alternativas.

(d) No Exame Nacional do Desempenho de Estudantes (Enade), 17 faculdades receberam nota vermelha. Do máximo de cinco pontos, tiraram um e dois, abaixo do mínimo admitido – três. Entre as reprovadas, figuram quatro instituições federais. As restantes são particulares.

(b) Como é norma no país, o caos chegou antes das providências. Espera-se que não tenha vindo para ficar. Quase 250 novos autos entram em circulação todos os dias. Há menos de uma década tínhamos 585 mil, hoje estamos perto do dobro. Algo precisa ser feito já.

LIÇÃO 8

O tópico frasal

1.

a. Tópico frasal: Anualmente, as cheias dos rios assolam as populações mais pobres de estados brasileiros.
b. Tópico frasal: se comer muito chocolate faz mal, deixar de comê-lo também não é atitude saudável.

2.

a. (X) Na cidade, há pequenos delitos para todos os gostos.
b. (X) Desgastado pelas frentes agrícolas que semearam arroz nos anos 1970 e, logo depois, pela soja, o cenário do pampa vai mudar.

3.

a. Você vai fazer vestibular?
b. A escolha de Barack Obama introduz os Estados Unidos em nova era.

LIÇÃO 9

Como desenvolver o parágrafo: citação de exemplos

1.

b. (X) A transposição do Rio São Francisco é questão polêmica, que levanta argumentos contra e a favor da obra. Para o governo, a obra põe fim à seca e a seus efeitos sobre a economia regional. Para ambientalistas, a perda de terras férteis e a ameaça à biodiversidade terrestre e aquática são efeitos óbvios da medida. Com o comprometimento da água para a transposição, teme-se, também, encarecimento da energia hidrelétrica. O governo promete, para amenizar o quadro, programa de revitalização hidroambiental, novos parques nacionais e mais unidades de conservação.

2. Sobram motivos que levam à conclusão de que pôr polícia nas ruas não é solução para os problemas de segurança pública. Um: a quantidade de policiais que, seduzidos por dinheiro e poder, se entregam à corrupção. Dois: a diferença de armamentos – os criminosos investem pesado na garantia do poderio bélico. O último mas não menos importante: o número de policiais muito inferior às reais necessidades deste país-continente.

LIÇÃO 10

Como desenvolver o parágrafo: apresentação de razões e consequências

1.

a. (X) Nada menos de 260 pessoas nas várias regiões do país estão sob ameaça de terem o destino do ambientalista Chico Mendes, assassinado há 20 anos. Mendes alcançou projeção mundial ao defender a preservação das águas, da floresta amazônica e da atividade extrativista. São enormes os riscos de os ameaçados de agora serem também trucidados, como já o foram centenas deles. Eles atuam em duas frentes. Uma delas: nas regiões em que há conflito em torno da posse e uso da terra. A outra: no combate à destruição do meio ambiente.

c. (X) Um mundo novo bate à porta. Não é qualquer mundo novo. Trata-se do mundo de alta tecnologia. Mais precisamente: o mundo das comunicações. Segundo especialistas que olham lá na frente, as mensagens terão no máximo 140 caracteres. O que é isso? São 140 toques no computador, contados os espaços.

2. É comum ver crianças com mais compromissos que muito adulto. De manhã, vão à escola. À tarde se dividem entre aulas de inglês, dança, arte, esporte. No fim do ano, apresentações artísticas tomam conta das pequenas vidas. A receita parece ter chegado para ficar. Muitas famílias, em lugar de babás ou filhos largados em frente da tevê e do computador, escolhem atividades extracurriculares como aliadas. O custo é alto, mas o resultado parece positivo.

LIÇÃO 11

Como desenvolver o parágrafo: decomposição, definição, confronto

1.
  a. Decomposição
  b. Confronto
  c. Definição

2. No poder há oito anos, o partido do presidente faz alianças e corre atrás de votos. Já a oposição diz estar fechada a novos acordos. Busca votos nos palanques da cidade e levanta os podres dos adversários.

3. A primeira, ser vencedor do último campeonato. A segunda, contratações de peso. Para a temporada, trouxe um jogador argentino e Ronaldo Fenômeno. Mesmo fora de forma, ele já se tornou ídolo da torcida.

4. Pouco conhecida dos brasileiros, a quinoa é um grão que tem 90% de sua massa de proteína. Ela previne câncer de mama, osteoporose e problemas cardíacos, além de recuperar tecidos e de melhorar imunidade, aprendizagem e memória. Originária dos Andes bolivianos, pode ser incluída no consumo matinal de cereais. A Embrapa trabalha na ampliação da produção nacional da quinoa.

LIÇÃO 12

Diga-diga-diga

1.

Tema: enchentes nas cidades brasileiras.

Leitor: leitores do *Correio Braziliense*.

Tópico: a banalização das imagens de carros boiando e pessoas de barco pelas ruas de cidades brasileiras.

Objetivo: demonstrar que os governantes não se esforçam para evitar os alagamentos nas cidades.

Ideias do desenvolvimento:

1. Cidadão tem de mudar os hábitos para driblar dificuldades causadas pelas chuvas.
2. Autoridades esperam inundações sem tomar medidas preventivas.
3. Impõe-se limpeza das saídas de água antes das chuvas e planejamento para evitar perdas.

Introdução: 1º parágrafo.

Desenvolvimento: 2º e 3º parágrafos.

Conclusão: último parágrafo.

LIÇÃO 13

A introdução

1.

a. (X) Pequena ação pode se tornar pedra fundamental de grande mudança.

b. (X) O trabalho voluntário é via de mão dupla.

2.

a. Frase inicial:

O maior inimigo do concurseiro é o estresse.

b. Frase inicial:

Cidades que crescem desordenadamente estão fora do ranking dos melhores lugares para viver.

c. Frase inicial:

Apesar das propagandas com mulheres bonitas, da alegria que chega logo depois do primeiro copo e do incentivo desenfreado ao consumo, não se engane: bebidas alcoólicas desagregam, empobrecem e matam.

LIÇÃO 14

O desenvolvimento

1.

Desenvolvimento

Denúncias pipocam na imprensa com indesejável frequência. A indignação origina artigos de especialistas, editoriais com cobrança de providências, cartas de leitores revoltados com o destino dado aos recursos arrecadados graças aos altos impostos que se apropriam de três meses de salário anual do trabalhador. Passado o calor da revolta, porém, nada mais acontece. Fica a expectativa do próximo golpe, mais engenhoso e com a gula multiplicada.

A lentidão da Justiça deixa clara a sensação de impunidade e, com ela, a perigosa certeza de que o crime compensa. Nada se pode fazer. Contra a cultura do tirar o corpo fora, o Ministério Público lançou a campanha nacional "O que você tem a ver com a corrupção?". A mobilização parte do princípio de que a mudança ocorre no indivíduo. Impõe-se motivá-lo para que ele se dê conta de que faz parte do sistema e, como tal, é responsável senão por ação, pelo menos por omissão, pelo estado de coisas contra o qual protesta.

A corrupção anual no Brasil abocanha 0,7% do Produto Interno Bruto (PIB) – soma de toda a riqueza produzida no país. Transformado em valor, o percentual corresponde a nada menos que R$ 17,5 bilhões. A montanha de dinheiro equivale à soma, em 2007, dos orçamentos dos ministérios das Cidades, Transportes, Cultura e Turismo. São recursos que, mantidos nos trilhos, melhorariam estradas, portos, teatros, saneamento básico, iluminação pública.

LIÇÃO 15

A conclusão

1.

a. Conclusão

Vale lembrar, a propósito, os Jogos Pan-Americanos de 2007, realizados no Rio de Janeiro. Na ocasião, questões políticas e partidárias influenciaram a coordenação dos trabalhos entre os três níveis de governo e o resultado foi que o ônus maior das despesas sobrou para a União. Devem-se tirar lições positivas dessa má experiência. Por fim, seria louvável se o Palácio do Planalto formasse uma equipe para centralizar o comando das iniciativas do Executivo, a fim de não ver frustrada a oportunidade de promover o avanço do país.

b. Conclusão

Mas não deve resultar apenas do poder repressivo da polícia de trânsito a conduta dos motoristas de Brasília. Cumpre a todos agirem de forma responsável na direção dos veículos, na certeza de que contribuem para proteger a própria vida e a de terceiros. Não se pode esperar outro comportamento de cidadãos que convivem sob as inspirações civilizadas da capital da República.

LIÇÃO 16

O time da língua

1.

a. As **propostas** do governo agradaram a 37 parlamentares. **As** da oposição, a 56 congressistas.

b. Os **estilistas** europeus ditam a moda do mundo. **Eles** repetem os figurinos básicos e inovam nos acessórios.

c. As **atitudes** dos jovens falam por eles. **As** de Mateus revelam um amante de novas tecnologias. **As** de Victor, um crítico das injustiças sociais.

d. **Mariana** e **Carolina** frequentam festivais de cinema. **Esta** prefere filmes de suspense; **aquela**, de arte.

2.

a. Esta é a cachaça mineira de que lhe falei.

b. Os alunos não gostam do professor, autoritário e mandão.

c. Ele fez um curso universitário que o transformou em cientista.

d. A anfitriã pôs os pratos na mesa da sala.

e. Paz e paciência estão entre os ensinamentos de Gandhi de que o filósofo falou na palestra.

f. O Congresso adotou medidas punitivas que atingirão em cheio os partidários do presidente.

g. Feliz é a mãe cujos filhos são estudiosos e obedientes.

h. A cidade de Elvira fica na Espanha; a de Mitsi, na Grécia.

i. Beatriz e Isabela foram ao shopping center. Esta comprou roupas; aquela, livros.

j. Este é o aluno cujas notas são, na maioria, vermelhas.

k. Aquele é o rapaz bonito do clube de quem lhe falei.

l. O homem é forte, assim como o padrinho.

m. Klaus e Leandro estudam juntos. Este gosta de ciências; aquele, de matemática.

n. O Rio, conhecido como a mais bela cidade do mundo, é famoso pelo carnaval.

o. Diminuir a perda de papel é um dos objetivos da população desta cidade. Em vista disso, a troca de livros didáticos entre estudantes está cada vez mais frequente.

3.

a. Ela está no exterior há muitos anos, por isso não conhece a nova casa da mãe.

b. Ele perdeu o emprego, mas já tem outras chances de trabalho.

c. João passou no concurso em primeiro lugar. Com razão é tido como o profissional mais preparado para a vaga.

d. Saí do trabalho mais cedo, visto que tinha um consulta médica marcada.

e. Maria não esconde os sentimentos por mais que se esforce.

4.

O colecionador chegava em casa quando foi anunciado o assalto. Dois bandidos o cercaram enquanto três observavam o movimento da rua. Como não viram ninguém, levaram-no para o interior da mansão. Foram roubados dólares, joias e quadros valiosos, cujos autores permanecem em sigilo. A polícia espera recuperar pelo menos as obras, sobre as quais vítima e agentes se recusam a falar. Parentes que não querem ser identificados dizem ter visto no local peças de Picasso e Renoir.

LIÇÃO 17

Redação nota 10

1.

Peça a amigos e a algum professor que leiam suas redações e mostrem pontos positivos e negativos do texto.

2.

Exemplo de dissertação.

Vínculos que superam as diferenças

Um dos sentimentos mais admiráveis que um ser humano pode desenvolver por outro é a amizade. É através dela que muitas pessoas conseguem suportar grandes problemas em suas vidas e vencem grandes desafios. Apesar de muitos argumentarem sobre quão difícil é encontrar alguém digno de confiança, o preço a ser pago nessa procura rende frutos ainda maiores quando se encontra uma pessoa disposta a cultivar uma amizade verdadeira com outra.

A sabedoria popular prega que "nenhum ser humano é uma ilha" e essa máxima é confirmada pelo cantor e compositor Tom Jobim, quando diz que "é impossível ser feliz sozinho". Os seres humanos precisam conviver em sociedade e criar vínculos fortes uns com os outros, porque a verdadeira amizade é mais profunda do que as pessoas imaginam: não é um relacionamento superficial, mas antes é construída à base de confiança, ou seja, lentamente.

Há muitas pessoas que buscam amizades, mas nessa busca não se importam com sentimentos alheios. Essa forma de procura por amigos é prejudicial porque é egoísta. Para ter amizades verdadeiras, as pessoas devem antes moldar-se para serem amigas, respeitando as outras pessoas, interessando-se por elas, e dessa forma descobrirão afinidades que as façam mais próximas umas das outras.

Há também quem queira manter-se longe de outras pessoas e não cultivar amizades com medo de ser magoado por alguém. Nos relacionamentos, as pessoas de fato discordam umas das outras, e isso pode acontecer em amizades verdadeiras também, mas se houver real interesse entre as partes envolvidas, as diferenças são superadas a fim de que haja a retomada da amizade e assim preserve-se também a qualidade nos relacionamentos.

Portanto, o preço a ser pago no desenvolvimento de relacionamentos entre as pessoas rende bons frutos, e cultivar amizades verdadeiras faz bem aos seres humanos. A criação de vínculos interpessoais ajuda o indivíduo a superar problemas e moldam-no para que se interesse por outras pessoas. A verdadeira amizade faz com que as pessoas superem as diferenças e busquem uma boa qualidade em seus relacionamentos.

LIÇÃO 19

Regras de ouro da escrita

1.

a. Sob estrelas que dão brilho à noite, digo que a vida é uma só.

b. Ao longo da semana, ondas quentes podem chegar a Goiás e Mato Grosso.

c. Depois de duas semanas de disputas, terminam hoje os Jogos Olímpicos de Pequim. E, como se esperava, os anfitriões traçaram nova geografia mundial do esporte. Superaram, pela primeira vez, a superpotência norte-americana no quadro geral de medalhas. O balanço das conquistas demonstra que, para a China, fazer um grande evento não era tudo. Precisava, também, mostrar a força da raça, o potencial da juventude e a competência do Estado na formação de atletas.

d. O crescimento do Produto Interno Bruto acima das expectativas deve ser comemorado. Ao mesmo tempo, visto como oportunidade de resolver problemas que põem em risco o círculo virtuoso. Os 6,1% de expansão do segundo trimestre de 2008, somados aos resultados dos três trimestres anteriores, mostram o melhor desempenho do PIB desde 1996. O percentual atingiu os 6%.

e. **Com os pés no chão**

O multilateralismo deixou de ser apenas questão de alternativa politicamente correta para os Estados Unidos.

A arrogante postura de donos do mundo foi posta para fora da Casa Branca não só pela vontade pessoal do novo presidente. "Nosso poder sozinho não pode nos proteger, nem nos permite fazer o que bem desejarmos", reconheceu Barack Obama no discurso de posse, com a honestidade e a humildade dos grandes estadistas. Sinal de que o legado dos oitos anos de George W. Bush serviu, ainda que por vias tortas, para ensinar dura lição à maior potência do planeta.

Obama foi além. Desfez a divisão do mundo em eixos do mal e do bem e se dispôs a estender a mão a todos, sem distinção, incluindo os mais radicais "se desejarem afrouxar o pulso". Com os olhos postos na história, lembrou que "gerações anteriores enfrentaram o fascismo e o comunismo não só com mísseis e tanques, mas com alianças vigorosas e convicções duradouras". Numa frase curta, em tom de recado, explicitou sua capacidade de enfrentar o terrorismo com sabedoria, não somente com a força bruta: "Os seus povos os julgarão com base no que podem construir, não no que podem destruir".

Grande orador, Barack Obama impressionou não pelo proselitismo, mas pelos argumentos convincentes, que pareciam aflorar espontaneamente da sua sólida formação, a mais sofisticada até aqui apresentada por um presidente norte-americano. Discursou como professor disciplinado e intolerante com erros históricos. Assim, juntou o imprescindível aceno de paz ao mundo a forte apelo pela "reconstrução da América". Não só daquela de Wall Street, arrasada pela maior crise econômica desde os anos 1930, mas também da de "antigos e verdadeiros" valores perdidos – trabalho, honestidade, coragem, tolerância, lealdade, patriotismo.

Com elegância, clamou por "nova era de responsabilidade", dando um puxão de orelhas nos concidadãos ao criticar a ganância e a irresponsabilidade que, segundo ele, levaram ao estouro da bolha imobiliária que mergulhou o país e o mundo numa falta de liquidez sem precedentes. Não se queixou da herança maldita, mas deu uma estocada no antecessor ("a hora de proteger interesses estreitos e adiar decisões desagradáveis, essa hora certamente passou") e apontou a "falha coletiva diante de decisões difíceis". O mea-culpa se completou com a questão ambiental, o mau uso da energia e o reconhecimento da necessidade de "reduzir o espectro do aquecimento global".

Barack Obama tem crédito para transpor as ideias do plano retórico ao prático. Quase 80% dos norte-americanos se manifestam otimistas, boas-vindas ecoam mundo afora, a natureza multicultural do presidente respalda o discurso multilateralista. Mas ele em si – faz questão de deixar isso claro – não é o remédio para os males que afligem os Estados Unidos. Conforme destacou nos 20 minutos da fala na posse, trabalho duro, com o comprometimento de todos, honestidade, coesão, compreensão e colaboração entre as nações são de fato imprescindíveis. Ainda assim, frisa com razão, será preciso tempo para reerguer o país. Estar com os pés no chão é o melhor começo.

2.

a. O leitor só consegue dominar determinado número de palavras antes que os olhos peçam pausa. Se a frase for muito longa, ele se sentirá perdido. Não poderá compreender-lhe o completo significado.

O leitor só consegue dominar determinado número de palavras antes que os olhos peçam pausa. Se a frase for muito longa, ele se sentirá perdido e não poderá compreender-lhe o completo significado.

b. Mulheres que trabalham nas mesmas condições de homens têm salários mais baixos que os deles. A razão: homens são maioria dos empregadores. As mulheres, por isso, acabam injustiçadas no mercado.

Mulheres que trabalham nas mesmas condições de homens têm salários mais baixos que os deles. Por quê? Homens são maioria dos empregadores e, por isso, mulheres acabam injustiçadas no mercado.

c. Saí correndo da festa como se estivesse atrasada. Deixei os amigos pensarem que eu passava mal e meu noivo curioso sobre qual seria o compromisso tão importante. Eram apenas 10h da noite.

Saí correndo da festa como se estivesse atrasada. Deixei os amigos pensarem que passava mal. Meu noivo ficou curioso sobre o compromisso tão importante. Eram apenas 10h da noite.

3.

Seu dia ontem

Ontem acordei por volta das 7h e segui para o trabalho. Lá, minha chefe pediu ajuda para conduzir a reunião de diretoria. Almoçamos juntas no restaurante vegetariano que fica perto do escritório. No fim da tarde, segui para casa e estudei por duas horas.

Sua cidade natal

São Paulo oferece grandes oportunidades, mas é preciso garra para aproveitá-las. Por um lado, há boas universidades, muitos empregos, importantes eventos culturais. Por outro, problemas de transporte, segurança e relacionamentos dificultam o dia a dia.

Seu futuro nos estudos

Nos próximos anos, pretendo estudar fora do Brasil. A experiência no exterior pode ser o melhor caminho para meu aperfeiçoamento profissional: valoriza o currículo e ajuda na busca de salários mais generosos.

LIÇÃO 20

Forma positiva e forma concreta

1.

a. Maria faltou à aula porque se sentiu mal pela manhã.
b. Fique atento para fazer bonito na prova.
c. O acusado mentiu no tribunal.
d. Participe do desfile.
e. O jogador mostra a felicidade por ter sido convocado.
f. José desconfia dos irmãos.
g. O doente dorme há três dias.

2.

Lembre-se: frases com palavras demais são incompreensíveis. Escolha palavras fáceis e comuns. Desacredite de quem diz que quanto maior é a redação maior é a nota. Use formas positivas nos textos. Assim, você atrai o leitor.

3.

a. Três estudantes universitárias chegaram à festa funk mais disputada do subúrbio do Rio. Depois de pegarem vodca, refrigerante e cerveja, desceram as escadas circulares. Na pista de dança, comandada por dois MCs, música e efeitos luminosos coloridos animavam a noite de Bangu.
b. Praias de areias brancas e águas transparentes embelezam o cenário do estado. Boas estradas, sinalizadas e sem buracos, facilitam a locomoção dos turistas, na maioria europeus. Noitadas de axé e samba encantam os visitantes, que atravessam o Atlântico em voos fretados.

LIÇÃO 21

Declarações

1.

a. "O governo está certo de que a crise mundial será uma marola no Brasil", garantiu o presidente Lula.

b. "A polícia sabe onde a quadrilha está escondida", informou o delegado João Alves.

c. Previu a vidente Mãe Leopoldina: "O ano terá mortes e mudanças econômicas".

d. Ventos fortes devem atingir a Califórnia, com risco de furacões, alertou o meteorologista.

e. "Uma coisa eu peço", rogou o padre Herculano. "Que Ele ilumine os estudantes na hora dos vestibulares e concursos."

2.

Diante da ameaça de surto na cidade, o médico José dos Santos alertou: "É preciso cuidado especial com idosos e crianças". Ele alegou nunca ter visto tantos casos da doença surgirem em uma semana. "A prefeitura teme que a doença se alastre", revelou. "Não temos leitos para mais pacientes." Diante do perigo, o prefeito pediu a ajuda da população: "É preciso manter a calma e dirigir-se ao posto de saúde mais próximo em caso de febre ou mal-estar".

3.

a. "Para manter uma lamparina acesa, temos de pôr óleo dentro dela constantemente", ensinou Madre Teresa.

"Para manter uma lamparina acesa", ensinou Madre Teresa, "temos de pôr óleo dentro dela constantemente".

b. Disse Francis Bacon: "Um homem sábio cria mais oportunidades do que as encontra".

"Um homem sábio", disse Francis Bacon, "cria mais oportunidades do que as encontra".

c. Jeanne-Marie Roland garantiu: "As pessoas que sabem se ocupar encontram tempo disponível enquanto as que nada fazem estão sempre com pressa".

"As pessoas que sabem se ocupar", garantiu Jeanne-Marie Roland, "encontram tempo disponível enquanto as que nada fazem estão sempre com pressa".

d. "Faça o que puder, com o que tiver, onde estiver", aconselhou Theodore Roosevelt.

e. Como alertou Henry Ford, "ninguém pode construir uma reputação com base no que ainda vai fazer".

LIÇÃO 22

Carícia nos ouvidos

1.

a. (X) O jeito foi guardar para depois os tíquetes do cinema e a pipoca.

b. (X) O chefe da Polícia Federal pediu cautela na busca de armas e na apreensão de drogas e dólares falsos.

c. (X) Minha esperança era vê-la alegre e livre da cadeira de rodas.

d. (X) A estrada parece perigosa e cheia de buracos e penhascos.

2.

a. Disputam os céus os pássaros e as potentes máquinas voadoras.

b. Foram convocados para o trabalho engenheiros e programadores de som e vídeo.

c. Estão na rota dos românticos Paris e a Veneza dos gondoleiros.

d. Ele pilota pequenos helicópteros e os mais potentes jatos.

3.

a. Eles exibem as qualidades do carro: beleza, arranque, espaço interno.

b. Na lista das mais belas cidades do mundo figuram Rio, Sydney e Paris.

c. Tecidos leves, estampas florais e cores fortes são destaques da moda verão.

LIÇÃO 23

Xô, eco

1.

a. Será um prazer reencontrar amigos tão queridos.

b. É a lembrança que chega ao coração dele.

c. A lava do vulcão assustou os paquistaneses.

d. Economista ressalta que a inflação não justifica os juros cobrados pelo banco.

e. Ela pressupõe que a preguiça nessa faixa etária não prejudica a maturidade.

f. Reeleito, o político disse que confiava na vitória ao disputar a prefeitura.

g. O suspeito escutou a gravação feita pela polícia e garantiu tratar-se de engano.

2.

Tudo será como antes

A julgar pela plataforma eleitoral dos candidatos a presidente da Câmara e do Senado, não haverá mudanças no estilo de administração das duas casas. Temas polêmicos, como terceirização de servidores, verbas indenizatórias, apartamentos funcionais, cargos comissionados, passaram ao largo do debate na campanha e na tevê. A negociação entre os partidos foi baseada em conchavo político, barganha eleitoral, troca de cargos por votos.

O assunto verba indenizatória – a que paga as despesas com locomoção, gasolina, consultorias, propaganda – silencia as duas casas. A transparência nessa questão é mínima. Senado e Câmara informam apenas o gasto individual dos parlamentares com cada um desses itens.

Seria mais útil saber quem recebeu o dinheiro. Isso permitiria a fiscalização da imprensa e, principalmente, dos eleitores. Em anos anteriores, deputados usaram a gasolina paga pela Câmara para abastecer veículos de suas empresas ou de eleitores. Os gastos com consultoria permanecem uma incógnita. Afinal, quanto custa a elaboração de projeto ou parecer? Tudo pode ser feito de forma correta, mas seria bom checar.

Caberá à imprensa, mais uma vez, fiscalizar a direção das duas casas. No ano passado, o Senado chegou a pôr na pauta a criação do bolsa-chefia, adicional para quem exerce função gratificada. Detalhe: esses servidores já recebem gratificação. O presidente da casa, Garibaldi Alves (PMDB-RN), recuou na última hora, pressionado pela mídia. Na Câmara, o presidente Arlindo Chinaglia (PT-SP) anunciou o benefício, mas também voltou atrás depois de bombardeio da imprensa. Uma coisa é certa: teremos muito trabalho.

LIÇÃO 24
Verbos-ônibus

1.

a. A avó contou histórias para os netos.

b. O homem cumpriu todas as tarefas do dia.

c. A menina enfrentou dificuldade nas provas.

d. O policial testemunhou o acidente.

e. A gerente garantiu que a promoção irá até amanhã.

f. Mulher deu à luz trigêmeos.

g. Deus criou tudo o que há na Terra.

h. Instale os fios nas ligações elétricas.

i. Prepare bolo com ovos bem frescos.

j. Presenciei cena desagradável na casa de minha irmã.

k. Segredos não devem ser revelados a ninguém.

l. Leve os joelhos ao queixo.

m. Os homens admiravam a beleza das mulheres na passarela.

n. Eu executo diariamente as minhas tarefas escolares.

o. Pendure as roupas no meu armário.

p. Eu já pedi, por favor, que saia daqui.

q. A professora explicou que verbos-ônibus devem ser evitados.

2.

a. O chefe afirmou que você pode ir embora.

b. Ele usufruiu só 20 dias de férias.

c. Maria penteou o cabelo para ir à festa.

d. Assista ao filme que está em cartaz nesta sala de cinema.

e. Por favor, jogue papéis no lixo.

f. Estou compondo uma música para a minha namorada.

g. Olhe para o lado e entenda o que se passa ao redor.

h. O açougueiro garantiu que é carne de primeira.

i. O fazendeiro possui 300 alqueires de terra.

LIÇÃO 25

Companhias amigas e inimigas

1.

a. (X) Escolha branco, marfim ou pêssego para pintar o quarto do bebê.

b. (X) O diretor da tevê selecionou programa informativo para as noites de domingo.

c. (X) O Ceará tem praias limpas, com água verde e areia branca.

d. (X) Ela escreve livros de suspense.

e. (X) A Seleção Brasileira é pentacampeã.

f. (X) O relatório mostra uma Amazônia preservada.

2.

a. De repente, os dois entraram na sala aos berros.

b. As notícias da crise são preocupantes.

c. Os resultados só dependem de você.

d. A internet caiu no gosto do brasileiro.

e. Português é minha matéria predileta na escola.

f. O jogador brasileiro não vai ficar fora do campeonato.

3.

Dubai vira paraíso de arquitetos e endinheirados

Para arquitetos, Dubai é paraíso no deserto. Dinheiro para projetos arrojados e de última geração não falta. A cidade é quase toda canteiro de obras. Entrecortada por largas avenidas, Dubai é um dos sete emirados árabes reunidos desde 1971, dois anos depois da descoberta de petróleo na região. Emirado é um Estado governado por emir, título de soberanos muçulmanos.

Com a riqueza do petróleo, os dirigentes estão fazendo do antigo e modesto posto de mercadores endinheirado centro de comércio e turismo no Oriente Médio. Construíram e financiaram edifícios e hotéis cinco estrelas, lançaram competições esportivas internacionais e criaram áreas para visitantes. Aos turistas à procura de novas emoções, oferecem esqui na neve com temperatura externa que beira os 50 graus ou passeios em dunas do deserto para usufruir a hospitalidade dos beduínos. (*Folha de S.Paulo*, com adaptações)

LIÇÃO 26

Os indesejados

1.

a. Depois de sofrer contusões, o presidente Lula preferiu apitar partidas de futebol em vez de jogar.

b. Artigo indefinido que ocupe espaço desnecessário deve ser retirado da frase com grande urgência.

c. Ele precisava de apenas uma chance para descobrir onde os amigos tinham guardado documentos importantes.

d. Bombons e balas a mais tiram qualquer um da dieta.

2.

(X) Ele costuma quebrar uns galhos para os amigos.

(X) Chapeuzinho Vermelho colhia umas frutas quando viu o lobo.

(X) Ela é uma doceira de mão cheia.

3.

A hora da verdade

A posse de Barack Obama ocorre cercada de expectativas inéditas na história recente dos Estados Unidos. Eleito sob o signo da mudança, o novo presidente promete guinada de 180 graus na visão de mundo da maior potência do planeta. Fato de relevância universal é a admissão de que as alterações climáticas decorrem das obras do homem. Podem, por isso, ser contidas. Passando das palavras aos atos, ele nomeou equipe de alto nível para cuidar do assunto.

Com a medida, acendeu as esperanças de que providências serão tomadas contra a emissão de gases que envenenam o meio ambiente.

Obama terá de corrigir os estragos feitos pelo antecessor que deixaram marcas difíceis de apagar em quatro anos de mandato. George W. Bush pisou a ordem internacional representada pela ONU. Impôs o poder militar americano como instrumento para criar regras em que Washington figurava como dono do campinho e da bola. Deu no que deu. O país se afundou no lamaçal do Iraque, gerou espírito antiamericano jamais visto e acendeu onda de terrorismo que assusta os cinco continentes.

A doutrina dos "ataques preventivos" de Bush comprometeu profundamente a imagem dos Estados Unidos. Admirado como defensor dos direitos humanos e direitos individuais arduamente conquistados, o país passou a ser visto como vilão das liberdades. Obama terá de dar respostas capazes de recompor a reputação nacional. Promete fechar a prisão de Guantánamo, em Cuba, retirar paulatinamente as tropas do Iraque e pôr fim à prática de espionar cidadãos norte-americanos.

Um governo que se diz de mudanças precisa apresentar respostas novas para velhos conflitos. Entre eles, a criação do Estado palestino, a solução diplomática para o programa nuclear iraniano, a revisão do bloqueio a Cuba, a guerra do Afeganistão. Obama, ao contrário de Bush, sabe que necessita de aliados. Precisa reconstruir as pontes com a comunidade internacional para buscar saídas sustentáveis e inovadoras. O respaldo da ONU e da União Europeia faz parte da visão de mundo proposta pelo presidente que comandará a Casa Branca a partir de hoje.

Ao mesmo tempo em que se vê diante de pauta recheada de desafios externos, Obama tem de fazer frente a desafio interno sem precedentes nos últimos 60 anos. A crise financeira que nasceu nos Estados Unidos e se espalha mundo afora quebra empresas, rouba empregos, aumenta a pobreza, põe em risco poupanças e aposentadorias. Contê-la será a principal ocupação do democrata neste primeiro ano de governo.

LIÇÃO 27

Seu? De quem?

1.

a. (X) Lula garantiu aos parlamentares que o esforço deles levaria à aprovação da Reforma da Previdência.

b. (X) "Saia logo daí", disse Marcos ao irmão.

c. (X) Para os soldados, o esforço deles fará o país vencer a guerra.

d. (X) Este capítulo é tão importante para os alunos que as questões dele serão matéria de prova.

2.

a. Marcos feriu o joelho esquerdo no jogo contra os irmãos.

b. O padre lembrou às paroquianas que devem levar os filhos à missa.

c. Calçou os sapatos e saiu.

3.

No primeiro dia de trabalho, a secretária não gostou da mesa e da cadeira. A desilusão seguinte veio com a chegada do chefe, que não lembrava mais o nome dela. E se passara apenas um dia da entrevista de admissão. O desagrado não parou por aí. Os colegas chegaram e sequer deram bom-dia.

LIÇÃO 28

O mal-amado

1.

a. O motorista do ônibus foi atingido por uma bala perdida.

b. Essas são as ferramentas à disposição de todos.

c. Os cachorros, tidos como os melhores amigos do homem, ganharam centros de estética.

d. A dançarina não foi reconhecida pelo público.

e. Mônica, criada há mais de 30 anos por Mauricio de Sousa, ainda encanta as crianças.

f. Ninguém esperava o conserto do violino.

g. Todos souberam do vexame de Maria.

h. Ela quer que o vendedor lhe dê razão.

i. Depois do jantar, seguirei para o aeroporto.

j. A mãe do acusado garante: vai procurar provas que o inocentem.

k. Ele é o homem que dizem ser o pai da criança.

2.

Depois da chegada da família, Madalena não teve mais sossego. Sempre dizia ter saudade, mas mudou de ideia na primeira confusão. A sogra, fofoqueira e brigona, não perdeu tempo. Uma semana depois da chegada, estava famosa no bairro. Nem o padre, quase um santo, aguentou os desaforos ditos por ela.

LIÇÃO 29

Dizer o que é sem tirar nem pôr

1.

a. Democracia é sistema de governo em que o povo escolhe representantes ou participa diretamente.

b. Educar é promover o desenvolvimento moral, intelectual e físico.

c. Sociedade é o conjunto de pessoas ou animais que vivem em grupos organizados.

d. Ecossistema é o conjunto das relações de interdependência dos seres vivos com o meio ambiente.

2.

a. Chega o verão e, com ele, o perigo de mais um surto de dengue. Transmitida por mosquito, a dengue é doença infecciosa causada por arbovírus. Ocorre principalmente em áreas tropicais e subtropicais do mundo, o que inclui o Brasil. Por isso, impõem-se medidas contra o contágio.

b. Os brasileiros aprenderam a não se expor ao sol como antes. Fogem dos horários de pico de calor nas praias. Mas derrapam na hora de escolher o protetor solar. Marcas, preços e números se misturam na cabeça do consumidor, que ainda não entende bem o que é fator de proteção solar. Chamado de FSP ou FS, ele é o índice que determina o tempo que se pode permanecer ao sol sem que a pele fique vermelha. Ou seja, indica o nível de proteção que um produto oferece contra os raios ultravioletas (UV).

LIÇÃO 30

Lé com lé, cré com cré

1.

a. (X) Os trabalhadores precisam assegurar o poder de compra dos salários e a garantia das conquistas trabalhistas.

b. (X) A escassez de água pode levar à morte populações inteiras e à formação de bolsões de aridez no planeta.

c. (X) Para muitos educadores, a escola tem como objetivos ensinar conteúdos e indicar caminhos para o desenvolvimento da cidadania.

d. (X) Os ambientalistas querem que a Amazônia tenha mais policiamento e o restante da mata atlântica seja preservado.

e. (X) Os países da Europa esperam o fim das turbulências na economia americana e a retomada das exportações.

2.

a. Estudantes pedem fim da grave e revisão das notas.

b. Previsão é que faça sol à tarde e chova à noite.

c. Ele deseja comprar um par de tênis e ter dinheiro também para os presentes.

d. A vida parecia mar de rosas e eterno festejar.

3.

a. (X) O presidente reafirmou que tem missão a cumprir e (que) vai aprovar as reformas este ano.

b. (X) Representantes da ONU querem que seja assinado acordo de paz e que árabes e judeus garantam a execução.

c. (X) É melhor que seja feito levantamento dos bens e (que) a partilha demore poucos meses.

d. (X) Eleições garantem que a democracia continue e (que) o povo seja legitimamente representado.

4.

a. Prefira boas recordações. Lembrar-se de que o irmão pequeno brigava e (que) o primo era chato demais ocupa o mesmo espaço na mente e no coração que se lembrar das festas em família, dos Natais com brinquedos novos e das primeiras namoradas. Não esqueça que o tempo passa rápido e (que) a vida é uma só.

b. É inadmissível que torcidas continuem em guerra dentro e fora dos estádios. As polícias precisam de atitudes definitivas, tendo em vista que o futebol deve continuar e (que) cada vez menos torcedores legítimos vão aos jogos. Brigas são causadas por baderneiros que fazem de torcedores vítimas e (que) acabam não identificados.

LIÇÃO 31

Casaizinhos fiéis

1.

a. A loja funcionadas 8h às 22h.
b. De segunda a quinta, o rodízio é mais barato.
c. Foi de Paris a Madri de carro.
d. O preço do quilo do pãozinho varia de R$ 5,00 a R$ 6,00.
e. Leu da página 25 à 70 em algumas horas.
f. Trabalha de segunda a sexta, das 9h às 13h e das 15h às 19h.

2.

a. A viagem foi longa, de 10 de maio a 25 de junho. Mas valeu
a pena. Conhecemos a Europa de norte a sul. Começamos
por Portugal e de lá fomos à Itália. Alugamos um carro para
irmos de Roma a Paris. Depois disso, foram muitos voos,
alguns da meia-noite às 5h porque são mais baratos. Assim,
cruzamos vários países e chegamos à Dinamarca.
b. O tempo de funcionamento das padarias é longo. Os
padeiros chegam às 3h e assam a última fornada entre as
20h e as 21h. Nesse período, produzem de pães a sofisticadas
receitas francesas. O público, que varia de 500 a 800 clientes
por dia, come muito. São gastos mais de 300 quilos de farinha
na produção. A padaria funciona, nos dias úteis, de segunda
a sexta, das 5h às 22h, e, nos fins de semana, das 6h às 20h.

LIÇÃO 32

Cruzamentos sintáticos

1.

a. (X) À medida que avança na dieta, Maria perde peso, pratica mais esportes e se alimenta com moderação.

b. (X) A água do planeta segue ameaçada na medida em que o desperdício ainda é hábito da população.

c. (X) Ela estuda mais à medida que o exame se aproxima.

d. (X) Um país torna-se sustentável à medida que necessidades do povo podem ser supridas por produção e exportação de bens e serviços.

e. (X) A gripe dos idosos foi controlada na medida em que o governo ofereceu vacina gratuitamente.

2.

a. À medida que a obra andava, era mais fácil ver como a casa seria.

b. A empresa construiu soluções na medida em que acreditou no potencial dos funcionários.

c. O mundo acordou para a importância da preservação do planeta na medida em que o aquecimento global se tornou perceptível em diversos pontos do globo.

d. À medida que o buraco na camada de ozônio ia aumentando, pessoas sentiam na pele o perigo que vem dos raios solares.

e. Eles decidiram casar-se na medida em que viver separados custava mais que juntar os trapos.

3.

a. (X) Seja na segunda, seja na quarta, o teste será aplicado.

b. (X) Quer faça sol, quer chova, o mercado fica lotado aos sábados.

c. (X) Ora com o marido, ora com o amante, a personagem desfila serenamente pelos capítulos do romance.

d. (X) Ou com ele, ou sem ele, o time vai entrar em campo para vencer de goleada.

4.

a. Seja em São Paulo, seja no Rio, as questões de segurança pública preocupam.

b. (Ou) em setembro, ou em outubro chuvas chegam e põem fim à seca no Centro-Oeste.

c. Quer você queira, quer não, o casamento dos dois é certo.

d. Ora loira, ora morena, ela sempre ganha os melhores papéis de Hollywood.

LIÇÃO 33

Enumeração paralela

1.

a. (X) São funções do Banco Central:
1. emitir moeda; e
2. fiscalizar o sistema financeiro.

d. (X) As medidas do governo federal querem garantir geração de empregos, elevar os índices de estabilidade e aumentar a renda média do trabalhador.

e. (X) Desejo aos noivos amor eterno, saúde para gozar uma vida de felicidade e fartura na manutenção da família.

2.

a. O uso inadequado da água está ligado a fatores como construções irregulares, falta de planejamento das cidades e pouca consciência das reais necessidades de consumo. Por a água ter sido vista durante muito como um bem infinito, populações não tiveram educação para utilizá-la racionalmente. A correção do erro será feita nas próximas décadas: racionalização e reaproveitamento.

b. Um bom dia deve ter refeições saudáveis. Pela manhã, consuma frutas e laticínios. No almoço, coma proteínas, amido, verduras e frutas. Lembre-se dos cereais e de mais frutas e laticínios à tarde. Faça refeição leve à noite. Assim, você garante diversidade, equilíbrio e boa forma.

c. Quer fundar um grupo de estudos? A receita é fácil. Reúna-se com amigos comprometidos que gostem de leitura e debates. Evite os que adoram arrumar confusão. Eleja um tema que agrade a todos. Marque reuniões semanais ou quinzenais e forme grupo para conversas na internet. A cada encontro, um membro fica encarregado de propor a leitura e dirigir a reunião posterior. Está pronto o trabalho que certamente levará alegria e conhecimento aos envolvidos.

LIÇÃO 34

Os fora de moda

1.

a. Os bombeiros trabalham no resgate das vítimas.

b. Sob sol forte, governantes visitaram a megaobra.

c. Os alunos iniciaram o ano letivo.

d. Pediu licença para uma crítica.

e. A Polícia Federal pôs fim a quadrilha internacional de traficantes.

f. Ele fez mais um gol e concluiu a participação vitoriosa no campeonato.

2.

O Brasil esbanja beleza. Mesmo quem não procura sol e praia, encontra diversão e lazer no país. Turistas têm à disposição eventos culturais, parques e aventuras instigantes. Os vizinhos argentinos foram os maiores fregueses por anos. Quando atravessaram a crise financeira, escolheram novos roteiros. O Ministério do Turismo não perdeu tempo e buscou outros mercados. Europeus e norte-americanos descobriram nossos paraísos. O turismo viveu outra boa fase. Agora, a crise mundial preocupa hoteleiros.

Bibliografia

Botomé, Silvio P.; Gonçalves, Célia Maria C. *Descubra um novo autor: você*. São Paulo: Brasiliense, 1993.

Emediato, Wander. *A fórmula do texto*. São Paulo: Geração, 2004.

Garcez, Lucília H. do Carmo. *Técnica de redação*. São Paulo: Martins Fontes, 2001.

Garcia, Othon M. *Comunicação em prosa moderna*. Rio de Janeiro: Fundação Getúlio Vargas, 1999.

Squarisi, Dad. *Mais dicas da Dad*. São Paulo: Contexto, 2003.

_____; Salvador, Arlete. *Escrever melhor*. São Paulo: Contexto, 2008.

_____; _____. *A arte de escrever bem*. São Paulo: Contexto, 2004.

As autoras

Dad Squarisi

É editora de Opinião do *Correio Braziliense*, comentarista da TV Brasília e professora de edição de textos do Centro Universitário de Brasília. Assina a coluna Dicas de Português, publicada em 15 jornais do país. Formada em Letras pela Universidade de Brasília, tem especialização em Linguística e mestrado em Teoria da Literatura. Foi professora de Língua Portuguesa e Literatura Brasileira em todos os níveis de ensino. Lecionou as mesmas disciplinas em centros de estudos brasileiros no exterior e no Instituto Rio Branco (MRE). Consultora do Senado Federal, redigiu discursos e textos legislativos. É autora de *Dicas da Dad, Mais dicas da Dad, A arte de escrever bem* e *Escrever melhor* (os dois últimos com Arlete Salvador), todos pela Contexto.

Célia Curto

Jornalista formada pela PUC-SP em 1989, trabalhou nas redações dos jornais *O Estado de S. Paulo* e *Correio Braziliense*, na revista *Época*, na *Rádio Eldorado* e em diversos portais. Fez reportagens em mais de trinta países e coordenou equipes de jornalismo. Dedica-se à comunicação aplicada à educação no Colégio Ciman, ministra aulas universitárias de redação, edição e outras disciplinas técnicas em Jornalismo na Faculdade Anhanguera, edita sites do Sebrae e textos para impressos.